YOUXIU QIYE YUANGONG SHOUZE

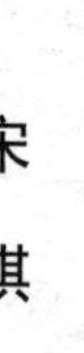

宋 琪 李国良◎著

优秀企业员工守则

好的约束，就是一种促进，优秀员工守则推动员工卓越成长。

一滴水可以折射出整个太阳的光辉，
一个守则也能托起整个企业的未来。

企业管理出版社
ENTERPRISE MANAGEMENT PUBLISHING HOUSE

图书在版编目(CIP)数据

优秀企业员工守则/宋琪，李国良著. — 北京：
企业管理出版社，2013.5
ISBN 978-7-5164-0326-6

Ⅰ. ①优… Ⅱ. ①宋…②李… Ⅲ. ①企业－职工－修养
Ⅳ. ①F272.92

中国版本图书馆 CIP 数据核字(2013)第 079196 号

书　　名：优秀企业员工守则
作　　者：宋　琪　李国良
责任编辑：杜　敏
书　　号：ISBN 978-7-5164-0326-6
出版发行：企业管理出版社
地　　址：北京市海淀区紫竹院南路 17 号　　邮编：100048
网　　址：http://www.emph.cn
电　　话：总编室(010)68701719　发行部(010)68414644　编辑部(010)68414643
电子信箱：80147@sina.com
印　　刷：北京市德美印刷厂
经　　销：新华书店
规　　格：170 毫米 ×240 毫米　　16 开本　印张 13.75　200 千字
版　　次：2013 年 5 月第 1 版　　2013 年 5 月第 1 次印刷
定　　价：32.00 元

对于任何一名企业员工来说，工作都是生活不可分割的一部分，很多人在生活中闷闷不乐，往往是因为他们在工作中被负面情绪所累。认识到了这一点，我们就应该积极主动地去培养自己的健康工作心态，如此才能让自己处于一个和谐的工作和成长环境之中，从而使自己变得越来越优秀。当然，优秀不可能在一朝一夕间完成，我们必须不断地学习和努力，并且遵循一定的发展规律。对此，我们首先应该做到的事情，就是了解并执行一名企业员工应该遵守的职场规则。

职场规则繁冗而复杂，包括诸多可见的企业规定和不可见的内在规则，这也让很多职场中人望而生畏。但是，勇敢面对问题，问题也就解决了一半；逃避困难，困难就会增加一倍。如果我们想要完成卓越的职场修为，而不是浑浑噩噩地度过一生，就应该鼓起勇气，大胆地面对一切工作挑战。如果我们连最基本的职场规则都看不透或学不会，那么我们所谓的责任、理想和目标，都会成为一纸空谈。

其实，职场就像是一个游戏场，职场规则也就是游戏规则。如果我们能够了解并运用相关规则，就可以在职场生活中如鱼得水，并最终轻松愉悦地取得成功。相反，如果我们总也弄不清楚相关规则，则只能在职场生活中处处感到掣肘，甚至被集体排斥在外，最终难免会面临失败的命运。所以，我们必须持续不断地去学习规则，一方面是为了了解整个职场，一方面也是为了充实自己，并找准自己在职场中的合理定位。

与此同时，职场规则作为一种社会文明的象征，也是一种人与人、人与企业，以及企业与企业之间的诚信表现。因此，我们在学习各项职场规则的时候，一定要以诚信为最高行为准则，在遵守企业制定的各项规章制度的基础上，全面学习和运用各项职场规则。只要我们切实做到了这一点，就能够在职场竞争中拿捏得当，取舍有度，从而占据自己的一席之地。

并且只要我们能够真正进入到一个行业，那么接下来的成长就能够一日千里。

从理论方面来讲，员工的职场规则学习，主要分为两个方面：其一，是企业的各项规章制度。因为有明文可见，内容又基本不变，所以学习起来相对简单。其二，就是整个职场的运行规律，包括人与人之间交往规则、人与企业之间的交往规则，以及企业与企业之间的交往规则。由于这些规则都是不可见的，并且在时刻变化着，我们的学习也必须要建立起一个科学的、完整的、系统的概念，要用发展的眼光和辩证的思维去看待问题。换句话说，就是要把目光放长远，而不是锱铢必较、睚眦必报。

因此，对于一名优秀的企业员工来说，遵守企业的规章制度仅仅是一个开端，如何贯彻落实到具体职场行为中，并发挥其强大的积极作用，才是最重要的。这就需要我们结合可见的工作实际，来验证未知的职场规则，并不断学习和探索，最终建立起“理论指导实践，实践验证理论”的成长模式，从而持续内化各种职场经验，为自己成长为一名优秀的企业员工奠定坚实的基础。

而在现实职场生活中，之所以我们会在无意间违反企业规则，甚至不自觉去钻企业规章制度的空子，就是因为我们未能和企业的意志保持一致。如果我们能够把企业得失当成自己的得失，那么对于企业规章的遵守也就轻而易举了，实际上这也是最高层面的遵守规则。可想而知，当我们能够和企业的利益融合在一起，能够想企业所想，忧企业所忧，我们的职场修为，以及我们能够相应得到的职务和薪酬，自然能够达到自己的预期水平。

目录

Contents

第一章 贵在守则:优秀员工把守则当作行动指南

在一个充满活力的企业中,总会有这样一些人,他们肩负着振兴企业的重任,把维护企业利益当成自己的责任,而企业也视这样的员工为最珍贵的财富,这些人就是企业中的优秀员工。优秀员工对企业有着异常强烈的责任感和忠诚信念,遵章守纪是他们在日常工作中最鲜明的特点。

第二章 岗前培训:岗前认真培训,上岗才能多出成绩

从校园走入职场,从一名毫无从业经验的学生成为一名合格的员工,岗前培训起着重要的、不可替代的作用。岗前培训的质量直接影响着每一名新员工的工作成绩,在培训中保持认真、主动的学习态度,不断给自己"加量",同时踊跃参加"特别培训",这是新员工顺利上岗,成为一名合格员工并不断走向优秀的前提。

第三章 岗位责任：严守岗位职责，勇挑企业发展重担

当我们选择了一份工作的时候，就意味着选择了一份责任，切实将这份责任贯彻到工作岗位上，是每一名企业员工成熟与否的标志。当我们身处集体工作的时候，自己所负的责任就是集体责任中的一部分，尽管这部分责任可能很小，但是一旦出现纰漏，很可能会给整个集体带来巨大的损害。因此，我们作为一名企业员工，无论是出于对集体的利益还是对个人的利益考量，都应该时刻关注自己的岗位职责。

第四章 劳动薪酬：合理要求工作薪酬，建立良好劳动关系

现代职场中，薪酬矛盾已经成为企业和员工之间的矛盾点之一，很多企业与员工因为无法处理好这一矛盾，才致使自身发展受到影响。因此，我们作为一名企业员工，如果想要达成自己预期的职业发展，首先必须做到合理要求自己的工作薪酬。而要切实做到这一点，我们还需要客观了解自己的工作价值，一方面不能估计过低，另一方面也不能估计过高。估计过低，会损害自身的应得利益；估计过高，则必将影响我们和企业的正常合作关系。

第五章 保险福利:依法享有保险福利,实现员工与企业的“双赢”

保险福利是企业以非现金形式为员工缴纳的一种保障性费用,除了大部分由公司来支付以外,员工也需要自行缴纳一小部分。作为我国保险制度的重要组成部分,保险福利早已被职场人士所熟知,很多人在找工作的时候,都会以公司保险福利是否健全为参考标准。实际上,保险不仅为员工提供各项基本生存保障,一旦发生意外情况,也可以帮助企业有效分担压力,是一项可以让企业和员工双重受益的科学制度。

第六章 遵章守纪:遵守日常规章纪律是通往优秀的起点

对于每一个企业员工来说,融入集体和适应企业环境都是首要的职场修为,我们也只有真正做到了适应环境,才是真正意义上进入职场。这其中,最重要的一点就是遵守企业的各项规章制度,并且能够在此基础上了解公司和行业的内在运转规律,从而保障自己能够最终成为一名优秀的企业员工。事实上,遵守纪律不仅符合企业的利益,同时也是对我们自身利益的保障。

第七章　安全第一:安全健康是员工获取“优秀勋章”的最大资本

我们每个人都希望自己在工作当中变得越来越优秀,而我们想要做到这一点,除了要付出必要的努力之外,更重要的是必须保障自己的安全和健康。尤其是那些对待工作能够乐在其中的企业员工,废寝忘食会成为他们的工作常态,如此很容易损害身体的健康,时间久了之后甚至可能危及生命。对此,我们必须培养安全健康意识,充分认识到工作中可能存在的健康危害,养成重视安全和健康的工作习惯,从而为自己成为一名优秀员工奠定坚实的基础。

第八章　注重着装:遵守企业着装规定,争当企业良好形象代言人

俗话说:“人靠衣装马靠鞍。”没有人会喜欢一个穿着邋遢的人。而我们身为企业员工,一旦走出公司大门,所代表的就是公司的形象,我们的穿着是否干净得体,将直接影响到公司形象的好坏。当然,我们保障自己的穿着得体,不仅能够为企业的形象加分,同时也可以为自己的形象加分。而且在养成着装干净得体的习惯之后,也可以促使我们在工作中养成一系列良好习惯。为此,我们甚至有必要用军人的着装和举止来要求自己。

第九章　文明礼仪:优秀员工必备的职业素养

古语有训:"兴于诗,立于礼。"我国伟大先民对于礼仪的重视和学习是非常值得后人称道的。现代职场中,学会文明礼仪,对于任何一个职场中人的职业发展至关重要,它不仅可以让我们在工作中保持最佳精神状态,同时也有助于我们建立良好的人际关系。事实上,职场上的很多文明礼仪早已约定俗成,如果我们对此不能充分了解,那么在职场生活中必定处处受制,职业发展也会因此被牵累羁绊,也就更谈不上让自己成为一名优秀的员工了。

第十章　尊重客户:维护客户利益是我们的最高生存法则

对于一家企业而言,无论将自身打造得多么完美,最终都是要和市场连接才能实现自己的存在价值。而对于我们每个企业员工来说,维护客户的利益,就是在为企业创造经济收益,同时也是为我们自己增加价值。客户就是上帝,当我们的产品能够切实使得客户满意,那么我们的企业品牌就会得到认可,属于我们的经济效益也会随之而来。因此,无论到了什么时候,我们都应该以客户的利益为最高生存法则,否则在市场竞争中必将难以立足。

第十一章　企业文化:坚决贯彻企业文化,争做一名优秀的主人翁

企业作为一个整体,必须使所有员工形成足够的凝聚力才能创造经济效益。对此,企业除了要制定各项制度来进行保障,同时还必须建设无处不在的企业文化,在精神上使所有企业员工团结在一起。而作为一名企业员工,如果我们想让自己变得更加优秀,就要积极主动地去学习企业文化,并切实将自己的个人利益和企业的集体利益绑在一起,然后以主人翁的视角去思考问题,积极主动地投入到工作中去,争做企业文化的践行者。

第十二章　和谐关系:坚守契约精神,维护企业的和谐与发展

俗话说:“家和万事兴。”对于一家企业内部的人际关系来说,同样如此。如果我们能够身处一个和谐的工作环境中,就可以将全部精力投入到工作中,那么个人的成长和公司的发展都将受益无穷。相反,如果我们身处的人际关系失和,就会消耗大部分时间和精力在一些鸡毛蒜皮的小事上,那么我们个人的成长和企业的发展也会受到影响。为此,我们应该主动遵从契约精神,积极融入集体环境,全面维护和谐的工作氛围,为企业发展做出自己应有的贡献。

第一章

贵在守则:优秀员工把守则当作行动指南

在一个充满活力的企业中,总会有这样一些人,他们肩负着振兴企业的重任,把维护企业利益当成自己的责任,而企业也视这样的员工为最珍贵的财富,这些人就是企业中的优秀员工。优秀员工对企业有着异常强烈的责任感和忠诚信念,遵章守纪是他们在日常工作中最鲜明的特点。

1.

优秀员工都是企业经营秩序的维护者

对于一个企业来说，维持正常的经营秩序是最重要的管理任务，每家企业都会针对自己的实际情况，制定出相关的规章制度和员工守则，旨在保证企业的正常运营。如果一个企业管理松散，员工们来去自由，我行我素，那么这个企业是很难维持下去的。所以，维持井井有条的经营秩序是保证企业生存和发展的先决条件。而我们作为一名员工，自觉维护企业的经营秩序，为企业的正常生产尽心尽力是我们义不容辞的责任和义务，也是我们走向优秀的必由之路。

那么，什么样的员工才算是优秀员工呢？很多人对这个问题并不太清楚，多数人觉得能给企业带来巨大利润，做出巨大贡献的员工就是优秀员工。其实这个看法是片面的，真正能称得上优秀员工的人，他们也许并没有多出众的才华，也未必能给企业带来多么可观的利润，但却是企业利益的捍卫者，更是遵纪守法的标兵。

每一年的5月8日，对江南某机电厂的员工们来说是一个不寻常的日子。这一天是该厂的厂庆日，按照厂里的惯例，工厂会在这一天停工一天，并且在能容纳数千人的职工礼堂里举行庆祝活动。

这家机电厂成立于20世纪60年代，是江南建厂最早的国营机电厂之一，在1995年改制成为股份制企业。在改制之后的几年内，工厂由于效益不好，几次濒临破产，员工也由原来的上千人减少到200人。直到1998年的5月8日,工厂顺利接到一家大型外企的加工订单才起死回生,并在之后的几年内迅速扭转了亏损的局面,逐渐成为江南一带甚至国内都闻名的大型机电生产企业。从此之后,工厂将5月8日定为厂庆日作为对那段艰难岁月的纪念。

虽然距离1998年5月8日已经过去10多年了,然而厂里的老员工们还是对那一天印象极其深刻。原来,在1998年的时候,工厂可谓是经营最低迷的时期,厂里的员工除了一些老员工以外,其他的员工都不愿意留在这个看似没有一点前途的工厂里继续工作下去。可是留下来的老员工和工厂的领导们并没有被这种惨况打垮,工厂领导和销售人员整天奔波在外,为工厂的产品寻找销路,而老员工们则留守在生产岗位上,像以往一样严格按照企业的规章制度一丝不苟地工作,他们中没有一个人因为工厂的效益不好就迟到早退,也没有一个人无故违章甚至比以往更加严格要求自己遵守厂规和员工守则。

经过企业员工上、下的一致努力,工厂终于赢得一个与外商合作的机会。但是在签约之前,对方选定了数家合作单位并进行考察。外商来企业考察的行程是保密的,他们来到工厂的那一天,员工们并不知情,直到合约顺利签订,员工才知道之前来厂里参观的那几个老外正是日后自己工厂的最大客户。后来企业的领导才告诉员工,原来自己的工厂在几家候选企业中实力是最弱的,但是外商来到工厂车间,看到员工们一丝不苟、认真工作的场景却让他们做出了与工厂合作的决定。用外商的话来说:我们看了好几家工厂,但是没有一家工厂的员工像你们的员工一样,你们的员工就像一个个经过严格训练的士兵,那种对待工作严谨而认真的神情给我们每一个人都留下了深刻的印象。这也是我们选择你们的主要原因。

10多年过去了,这家工厂仍然把"遵纪守法"作为员工的第一工作信条,而这一钢铁信条也帮助企业顺利渡过困境并迅速超越其他企业，成为行业的龙头老大。当年的那些老员工则成为企业发展的骨干力量，工作在企业的每个重要岗位上。

从案例中的这家机电企业的兴衰史中，我们看到了处在国内企业转型期的许多国内企业的艰难历程。在那个特殊时期，许多企业因为经营不善而纷纷倒闭破产，大批失业员工走向社会成为再就业大军的一员。在这些企业濒临破产的时期，企业的生产经营秩序遭到极大的破坏，员工们不再按时上班，企业规章制度形同虚设，甚至很多人趁机偷盗企业财物出卖企业利益，而这些乱相也加快了企业破产的步伐。相反的，案例中企业的老员工们却在企业最困难的时期，用自己严格守纪的行为维护了企业的正常生产秩序，成为企业利益的守护者，也正是他们严格遵守企业规章的忠诚信念，使企业起死回生，摆脱困境并迎来充满希望的美好前景。

对于一个企业来说，正常的生产和经营秩序是企业生存的基础，失去这个基础，企业的发展和未来都无从谈起。有很多人认为，当今企业的发展主要依靠先进的技术和人才，在这个年代还对员工提倡遵守规章制度的理念已经过时了。其实这种理解是片面也是错误的，企业的生产和经营是一个整体系统，企业中的每个部门与部门之间，每位员工与员工之间既存在严格的分工但也离不开紧密的协作，因此就要求员工更加严格执行企业的各项规章制度和决策，这样才能保证企业的正常运行。相反，如果企业的部门各行其是，员工们自由散漫缺乏约束，企业的管理失去效力，这样的企业不要说取得良好的效益，能否正常运行都是一个问题。

优秀员工是企业中不可或缺的人，也是企业发展的中流砥柱，他们在企业日常经营活动中起着不可忽视的示范作用。因此，作为一名优秀员工，不仅要有高超的技能和良好的职业素养，更应该是遵守企业规章制度的标兵和企业经营秩序的维护者，只有如此，才能无愧于“优秀员工”的称号，担负起企业发展的重任。

2.

“守则”是你必须肩负起的使命

“守则”顾名思义,就是指遵守规章和法则。作为企业的一名员工,遵守员工制度和法则是应尽的责任和义务,这是成为一名合格的员工的基本条件,更是员工必须肩负起的使命和任务。现今的企业着重提倡员工创造良好业绩,于是有些人觉得“守则”这么简单的要求就不那么重要了。事实上,无论我们是想在职场取得成就还是在工作中赢得良好的业绩都离不开“守则”,它是我们做好一切工作的前提和先决条件,因此,我们不但不能忽视在工作中要“守则”,而且要比以往更加重视“守则”的意义,并把企业制定的各项规章制度当成自己的第一要务,一丝不苟地执行到位。

很多人觉得对于一名员工来说,最重要的莫过于练就超人的技能或者具备创新的精神,这样才能在竞争激烈的职场中为自己争取到必胜的优势,让自己从众多同事中脱颖而出成为企业不可或缺的员工。然而事实果真如此吗?让我们看看下面这个案例:

黄胜义是一个生于80后的年轻人,他从上学起就是老师和家长眼中的聪明孩子,别的同学需要一个星期掌握的新知识,他只需要一两天就能全部搞定了。正因为如此,老师和家长都格外喜欢他,平时对他要求也不太严格,有时候他上课迟到或者不遵守课堂纪律,老师也睁一只眼闭一只眼,老师觉得纪律观念差一点无伤大雅,只要学习成绩好就行了。就这样,黄胜义从小学一直到大学毕业都是老师的“宠儿”,成了一个学业优秀但是身上小毛病却不少的年轻人。

转眼,黄胜义到了就业的年龄,凭借着优异的成绩,他顺利应聘到一家大型企业的技术部做了一名助理工程师。虽然已经踏进了职场，黄胜义从小养成的懒散习惯却未见收敛，上班的时候经常迟到，有时候还没到下班的时间，部长却已经找不到小黄的人影了。除了迟到早退以外，小黄还有上班时间做私事的毛病，比如上班时间上网聊天呀，随意接听私人电话呀，等等。有几次，部长经过小黄的办公室，发现小黄正用手机和朋友聊得热火朝天，就把他叫到一边提醒他："小黄呀，你是新员工可能还不太了解咱们单位的规定，咱们的规章制度明确规定，上班时间不许做与工作无关的事情，也严禁迟到早退。以后你得注意一下，改掉这些不良习惯。"小黄听了部长的话，心里挺不舒服的，他想："反正我的工作任务从来没拖延过，哪一次都是提前完成。工作做完了就可以自由支配时间，为什么还批评我？"虽然心里不愿意，但是小黄碍于部长的面子，还是稍有收敛。

一年以后，企业决定在新招收的员工中抽调一批表现不错的员工去外地的分公司任中层干部，这对进企业不久的新员工们来说无疑是一个开拓事业的大好机会。企业领导征求了各部门领导的意见，还在员工内部做了民意调查。与黄胜义同期进企业的新员工几乎都被领导和同事提名过，可就是黄胜义的名字从来没有人提到过。因为在同事和领导的眼中，黄胜义就一个没有纪律观念的人，这样的人去分公司任中层干部不能服众也难以带领好手下的员工。小黄知道了这件事情，一身的傲气全没了，他明白了这样一个道理：在企业中，自觉"守则"往往比工作能力更重要。

在职场中，领导和同事往往更认可能够自觉遵守工作制度的员工，虽然有一些人的工作能力很强，头脑也极聪明，可是，这些人要是没有良好的纪律意识，不能自觉遵守各项规章制度，就会给别人留下缺乏责任心、自由散漫的印象，这样的人即使再有能力，也很难让领导放心，让同事佩服。案例中的"小黄"就是这样一类员工，他没有把"守则"当成自己应该担负的使命，而且认为自己违反规章制度的行为只是"小毛病"、"小事情”，可是谁能想到，就是这样的“小毛病”让他与升职的机会擦肩而过。

其实，如果员工忽视“守则”的重要性，其后果不仅仅是不能升职加薪，有的时候还可能给企业和个人带来非常严重的后果。比如一名从事有一定危险性工作的员工，如果不遵守岗位制度就有可能造成严重的生产事故，危及到自己和同事的生命安全。

22 岁的林玲是某大型建筑集团的一名资料员，她的主要职责是收集施工资料并进行整理和归档，所以，有时候林玲不得不到工地去取资料。大家都知道工地的工作现场通常十分复杂，现场的工作人员如果不注意安全，忽略了工作规章就可能给自己和他人带来危险。所以公司要求：工作人员必须穿着工作服，戴安全帽方可进入现场。

林玲是一个 20 多岁的姑娘，正是爱美的年龄。这一天，她去工地取资料，离开公司之前，部门领导提醒她：“小林，去工地的时候一定要换工作服，不能穿高跟鞋。”林玲听了领导的话嘴上答应着，趁领导不注意就穿着裙子和高跟鞋跑了出去。她想：反正就取个资料，用不了几分钟就完事了，还要换衣服、鞋子，太麻烦了。

林玲到了工地，不顾工地安全员的阻拦就冲进了施工现场，她穿着高跟鞋走在坑坑洼洼的工地上，一不留神就被一只木梯子绊倒了。她这一摔不要紧，还撞到了从她身边经过，正往工地运送水泥的水泥工，由于水泥工失去平衡，手里的推车也被他带翻在地，一整车的水泥全扣在了旁边的一只正在工作中的插线板上，由于水泥的泥浆中有水分，插线板当时就短路了，插线板的一端连接着负责为工地设备送电的配电箱，随着配电箱的一声巨响，工地上所有的设备都停了下来，人们被这突然发生的状况惊呆了。

之后的两天，工地都陷入停工的状态，所幸没有造成人员伤亡。而林玲在这次事故之后就被公司辞退了。

对员工来说，自觉遵守规章制度，成为一名“守则”的员工并不是什么难事，难的是要把“守则”当成自己的使命，时刻记在心上，落实在工作的每个细节中。案例中的“林玲”也许并没有想到自己因为违反制度带来的后果会如此让人难以承受，但是就是由于一时的疏忽却让自己不得不离开工作岗位。

在工作中自觉“守则”，这个看似再简单、再正常不过的行为，背后却透露出一名员工的职业素养和责任观念，所以“守则”不仅仅是员工应该培养的良好工作习惯，而且要当成自己必须肩负起来的使命，去认认真真地贯彻执行。

3. “守则”是对企业最大的感恩

感恩，是一个人健康人格的体现，也是一种崇高的道德素养。一个具有感恩情怀的人才有可能为社会做出贡献，才可能将自己巨大的人生价值展示出来。作为一名员工，应该感恩自己的企业，因为企业为我们提供了工作的机会，让我们得以衣食温饱，也是企业给我们搭建了展示自己价值的舞台，让我们的人生具有意义，也充满了丰富的色彩。

作为一名员工，应该如何做才算对企业的感恩呢？很多人觉得为企业创造出令人惊叹的效益或者做出巨大的创新和发明这才算是对企业的感恩。这种想法没有错，但是能在工作中做出出色成就的员工毕竟是少数，而对于多数平凡而普通的员工来说，严格遵守企业的规章制度，做到自觉守则，认认真真地工作，这就是感恩企业、回报企业的表现。因此，用踏实守则的工作来回报企业，这是每一名感恩企业的员工回报企业的基本途径。在工作中“守则”，则是一名员工感恩企业最具体的行为体现，也是对企业最大的感恩。

十月一日,是中华人民共和国诞生的日子,也是某大型钢铁集团公司建厂的日子。作为一个建厂历史悠久、规模宏大的企业中的一员,每一名员工都感觉到无比骄傲和自豪。按照惯例,企业会在国庆节也是厂庆日的这一天召开全公司员工大会,并在大会上表彰年度公司最佳员工。

这家公司是一个有着一万多名员工的大企业,但每年公司只从上万号人中挑选出10名员工作为"最佳员工"进行表彰,这无疑是"千里挑一"的事情。可想而知,能获得"最佳员工"的称号对员工们来讲是最难也最值得骄傲的事情。

表彰大会开始了,上万名员工齐聚一堂,场面宏大,热闹非凡。既然是企业的"最佳员工",就应该是在工作中有突出表现,做出杰出成就的员工。他们要么是在管理企业的工作中功勋卓著的干部,要么是车间里的技术能手和创新先锋。董事长开始宣布"最佳员工"的名单时,大家都安静下来,董事长每念到一个名字,获得"最佳员工"荣誉的员工会伴随着其他员工们祝贺的掌声走到主席台接受奖状和证书。当董事长念到铸钢车间张卫国师傅的名字时,主席台下的员工们却纷纷议论起来:咦?张师傅怎么也当选了呢?没听说他在工作中有什么技术革新和突出贡献呀……人们把目光望向坐在人群中的张卫国师傅,显然张师傅也对自己当选"最佳员工"感到很疑惑,他犹犹豫豫地站起身来,迟疑着是不是要走到主席台上去。

董事长看到张师傅的表情,笑着说:"别犹豫了张师傅,刚才我念到的,就是您的名字,请您上台领奖吧!"董事长又看了看台下窃窃私语的员工们,接着说道:"张卫国师傅是咱们公司的老员工了,他进公司的时候只有19岁,40多年过去了,如今张师傅也已经是快要退休的老员工了。在这40年中,张师傅兢兢业业,严格遵守公司的各项规章制度,从无迟到和早退。也许张师傅并没有做出过让人惊叹的技术革新，也没有比别人更突出的业绩，但他 40 年如一日地认真守则和踏实敬业却展示了这位老员工忠诚于企业，忠诚于职责的优秀品质。他是咱们公司当之无愧的最佳员工。”董事长的话音刚落，现场就响起了热烈的掌声，人们用掌声向这位老员工致以祝贺和敬意。

案例中的“张卫国师傅”是我们现实生活中许许多多平凡劳动者的缩影，他们也许并没有过人的技能和突出的才华，但是，他们却能持之以恒地遵守企业规章，认真踏实地完成自己的本职工作，而正是这种品质恰恰体现了对企业心存感恩，对企业高度负责的职业素养。

对于身在企业的员工们来说，守则，这是一名员工立足企业的根本，离开这个前提，员工所谓的感恩企业和回报企业就都是空谈。在谈到工作时，很多人感觉自己怀才不遇，大材小用，他们觉得自己空有一腔回报企业的志向和才华却没有机会得以施展，因此对工作失去了信心，对企业失去了信心，成天抱怨满腹，工作也懒懒散散，得过且过。

企业中还有些员工，他们把工作看成是换取报酬的途径，是维持生计的营生，在他们的思想中从来没有感恩企业的念头，自然也不会有自觉守则的意识，于是对待工作马马虎虎，偷懒耍滑。可想而知，对于这样的员工来说，企业的规章制度对他们没有约束力，他们在敷衍着工作的同时也敷衍着企业和自己的人生，就更谈不上感恩企业和回报企业了。可能更多的员工会说：我既不感觉怀才不遇，也不会敷衍工作，我对企业怀有很深的感情，并且愿意用自己的努力工作来回报企业。但是，对企业怀有感恩心态的员工，如果不能自觉守则，可能也会做出损害企业和自己利益的事情来。

50 多岁的老李是一名仓库保管员。虽然仓库保管员的工资不高，但是老李却很知足，他觉得自己一没什么文化知识，二没什么学历和技能，能找到这样一份工作已经很不错了，为此，他对公司充满了感激，并且在工作中也认认真真，勤勤恳恳，以此来回报企业给自己提供的工作机会。

老李对待工作的认真态度,在公司里首屈一指,经他管理的库房总是干干净净,库房里的物资也总是码放得整整齐齐,而且他做的仓库台账也清清楚楚,很少出现什么差错。然而勤劳的老李却有一个毛病,就是总喜欢喝点小酒。按照公司的制度,上班时间是严禁员工喝酒的,可是老李却一直改不掉这个毛病,总喜欢趁着中午休息或者晚上值班的空隙时间喝两口。

这一天又轮到老李在库房值夜班,车间里没有加班的任务,所以晚上也没有人来领料。老李正觉得闲得无聊,准备再巡视一下仓库就躺下休息,就在这个时候他听到有人敲库房领料的窗口,他探出头一看,原来是他的老朋友林师傅。林师傅知道老李加班,就带了一瓶酒和一些下酒菜来陪老李聊天。老李不顾库房禁止闲人入内的规定,开门让林师傅进了库房。老哥俩酒过三巡之后,天色也渐渐晚了,林师傅也要回家休息了,而老李收拾好酒杯也准备巡视一下库房。谁知道刚打开值班室的门,老李就闻到一股东西烧焦的味道,他连忙寻找顺道的来源,猛然看到存放着劳动用品的箱子里冒出一股股烟,他三步并作两步地打来一桶水倒入着火的箱子,所幸他发现得及时才没有酿成火灾。原来林师傅在离开仓库的时候将烟头无意扔在了箱子里。这件事情发生之后,老李十分后怕,就是因为他不守则,违反规章制度的行为,差一点给企业带来无法弥补的损失。从那以后,老李戒了酒,也再不让其他员工进入库房了。

员工对企业心怀感恩体现在对待工作的态度上,更体现于员工工作时的每个细节中,可以这样说,员工对企业的感恩情怀是在工作中做出来的,绝不是口头的承诺,更不是空洞的口号。案例中的“老李”虽然对企业心存感激之情,但是却并没有把这种感激化为实实在在的行动体现在工作中。心存感恩的员工会在自己的日常工作中更加严格要求自己,尽全力把工作做到最好;心存感恩的员工也会将“守则”当成对企业的回报,绝不给自己找任何借口去违反企业的各项规章制度。

员工对企业心存感恩，就要自觉遵守企业的各项规章制度，把“守则”当成自己必须尽到的义务，只有做到这些，员工才谈得上回报企业。感恩企业不是随便的一句承诺，需要我们用实际行动加以实践，而作为企业的员工则首先应做到守则，尽到一个员工的本分，如此才是对企业最大的感恩。

4.“守则”的员工最受企业信赖

在日常生活中，我们如何做才能让人觉得自己值得信赖呢？其实只要我们在与别人交往的时候做到诚实守信，就会赢得对方的信任，把自己当成可以倚重的朋友。俗话说：一诺值千金。我们在与朋友交往的时候，对朋友许下的诺言，答应朋友要做到的事就一定要实践，否则就会失信于人，给朋友留下不守信用的印象。作为一名企业的员工，遵守企业制定的各项规章制度就是我们对企业许下的诺言，如果我们做不到守则，也必将会失信于企业，成为企业不能倚重的人，所以说“守则”的员工最受企业的信赖。

每位刚踏入职场的新员工，都会看到张贴于工作单位的墙上，或者派发到手里的员工手册。在员工手册上，我们能看到许多需要我们在工作期间遵守的规章和条例，这些规章条例只有在任职期间才对员工有约束力，换言之，只要我们还在工作岗位上，还是企业中的一名员工就必须遵守这些规章和条例，它们虽然具有一定的强制性但也是我们对企业的承诺。企业之所以希望每名员工都熟知这些规章制度并且自觉遵守，是因为企业的正常运营和发展离不开一支有纪律观念的员工队伍。无论员工的个人能力有多强,工作水平有多高,如果员工们各行其是,自由散漫,则员工队伍就是缺乏凝聚力和战斗力的一盘散沙,这样的员工队伍只会把企业带上衰落和破产的道路。因此,企业在任用员工的时候,也格外看重员工的守则意识和纪律观念。

赵启明是某机械制造厂的车间主任。他的工作经验丰富,工作能力也挺强,连续几年被工厂评选为技术骨干。3年前,他凭借着出色的技术和优秀的业绩被员工们推选为车间的主任。

若是说起工作和操作技术,赵启明的确是车间里最棒的员工,就连工龄比他长的老师傅们也对他竖起大拇指,但是车间的同事们在私下里对他却不怎么服气,同事们常常这样评价他:赵主任技术不错,可是工作纪律太松散。上班迟到对他来说是经常的事,上班时间都过了半个小时了,还迟迟不见他的身影,工人们不得不等着他来开早会,耽误了不少时间。还有的同事说:赵启明家里的家具有一半是用厂里的材料和车床做出来的,你看他家里的那一排置物架,分别就是用厂里的角钢和电焊机做出来的嘛。

不久,车间的员工们对赵启明的议论也传到厂领导的耳朵里,厂长决定亲自对他进行考察,看看究竟是员工们冤枉他,还是他的确就是一个不守则的员工。没过多久,厂长也发现赵启明经常迟到早退,而且因为他是车间主任,他手下的员工们也有样学样,经常迟到。有一次,厂长还看到赵启明在下班时居然将厂里的工具和电焊机带出厂外。厂长问他:"小赵,这些工具按规定不能带出厂外,如果需要借用也得办一个借用手续而且到期归还,你办手续了没有?"赵启明看了看厂长,笑着说:"我就用一个晚上,明天就拿回来,这还用办手续?太麻烦了。"

没过多久,赵启明被撤了职并给予留厂察看的处分。厂长觉得如果让赵启明这样的员工继续留在领导岗位上,不但起不到好的带头作用,时间长了还会培养出一批懒散、无组织无纪律的员工。这种不守则的员工,即使工作能力再强也绝不能重用。

俗话说:无规矩不成方圆。对于员工来说,不能自觉守则就失去了企业的信任,这样的员工非但受不到企业的重用,而且还会成为企业裁员的对象。案例中的“赵启明”就是一个没有规矩,不守则的员工,这样的员工没有很强的纪律性,而且还会把不守则的坏习惯传染给身边的同事,无异于“害群之马”,所以他最终受到撤职和留厂察看的处分也就不足为奇了。

每个企业根据员工实际的工作状况和分工情况都制定了一系列相应的规章制度,这些规章制度当中,除了具体的工作要求、标准和规范之外,还有不少员工日常工作中的行为规范,所以对员工来说,能够全面地遵守每一条规范确实不是件容易的事情,这需要员工具备极高的职业素养和极强的自律性,这也是“守则”的员工备受企业青睐的主要原因。因此,对有些自制性差,纪律意识薄弱的员工来说,尤其应该在工作中培养自己的守则习惯。有些员工觉得,企业制定的制度过于繁琐,甚至有些制度和规范根本就没什么意义,比如,有些企业规定员工不准在工作区域内吸烟,不能用单位的电脑下载软件,保持办公桌干净整洁,等等,这些规定看起来很多余,即使违反了其中一两条也不会给工作带来多大的影响。事实上,企业制定的每一条制度都是结合员工工作的实际情况而制定的科学、合理的规范和准则,因此认真遵守每一条规章制度对每位员工来说都具有很深刻的意义。有些规章制度看起来并不重要,但是如果违反了它,造成的后果却可大可小。

小何是刚从大学毕业的大学生,不久前他应聘到一家广告公司工作。刚到单位上班的时候,他就接受了有关企业制度的培训。他也了解到自己的公司有这样一条规定:员工不能在上班时间用电脑浏览无关网页,接收无关邮件。但是这条规定并没有引起小何的注意,他觉得自己的工作离不开电脑,就算自己浏览下娱乐网站也不会有人发觉。

有一天,小何的电子邮箱里收到一个新邮件,好奇心强的小何迫不及待地打开邮箱查阅，他打开那封邮件一看，原来是一段制作精美的动画。小何觉得这个邮件挺有意思，就随手把它群发给了单位的所有同事。

第二天，公司所有的电脑都出现了异常，许多同事苦心制作的广告方案不翼而飞，有些方案是客户马上就要的，这下可急坏了公司上上下下的员工，后来经过调查，造成这次全公司电脑瘫痪的始作俑者就是小何因为好玩而发给同事的那封隐藏了病毒的邮件。

很明显，“小何”在公司的日子不会太好过了，他因一时贪玩而违反公司规定的行为给公司带来了巨大的经济损失。在我们身边还有不少“小何”这样的员工，他们缺乏纪律观念，也缺少自律的意识，而他们随意违反规章制度的行为就像一颗“定时炸弹”，随时会对企业的利益造成巨大的损害。所以这样的员工，非但不能得到企业的信赖，而且是需要企业加倍防范和及时淘汰的对象。

5.“守则”的人往往拥有一个成功的人生

成功对每个人来说都是可遇不可求的事情，促成一个人成功的因素有很多，而一个“守则”的人，会持认真严谨的态度对待工作，而且也很容易取得领导和同事的认可，这些都为他们取得事业上的成功奠定了一定的基础，因此，“守则”的人往往拥有一个成功的人生。听了这话，很多人都会产生疑问，难道一个人取得成功最重要的因素不是才华、机遇和个人能力吗？而“守则”这么平凡的品质会是成功的关键吗？其实，能在工作

中做到持之以恒地“守则”的员工,他们往往是职业素养极高的员工,“守则”的员工同时也会具备以下几个优秀品质:

1.“守则”的员工都具备极强的责任心。在工作中一贯遵守规章制度,并且能够坚持下去的员工,在工作中都会形成良好的工作习惯。良好的工作习惯的养成离不开员工极强的责任心和自觉性。这样的员工不需要领导的督促,也不需要管理部门的监督就能自觉地按要求完成各项工作,他们把按章办事当成自己义不容辞的责任,自觉地把企业的利益放在第一位,把企业的荣誉当成自己的荣誉,他们是企业真正的主人。

2.“守则”的员工很容易营造良好的人际关系。“守则”的员工给别人留下的第一印象就是诚实守信,所以这样的人更容易赢得同事和领导的认可,这种通过品质制胜而取得的良好关系往往比暂时的利益关系更牢固。良好的人际关系是成功路上不可缺的重要因素,因为一个人的能力再强,但也没有精力把所有的事情做到完美无缺,而一个有着团结协作精神的集体却可以帮助自己战胜工作中的任何困难。

3.“守则”的员工是零缺陷工作成果的缔造者。“守则”的员工对工作都有着极强的责任心,这也促使他们在工作中追求完美,不允许自己轻易犯错。他们会给自己制定出更高的工作标准,并以此来保证自己的工作不出现任何缺陷。所以,这样的员工才能创造出零缺陷的工作成果,这也让他们的业绩比别人更出色。

4.“守则”的员工具备执着专注的工作态度。对待工作执着专注,不轻易放弃是取得事业成功不可或缺的工作态度,很多人离成功只有一步之遥,就是因为缺少这种品质而与成功失之交臂。“守则”员工在工作中责任心强,而且总给自己提出更高的要求,这就让他们比别人的承受力和忍耐力更强一些,因此,这样的员工也觉得比别人更执着和专注。

拥有一个成功的人生,是每一个人的梦想,没有人心甘情愿地庸庸碌碌度过一生。从古至今也有不少人通过自己的努力创造了成功的人生。他们用自己精湛的技艺或者突出的贡献让自己青史留名,成为后人学习的榜样。翻看这些成功的人士的成名史,我们不难发现,他们并非都是智力超常、天赋异禀的奇人。人们不禁会问:究竟是什么帮助他们成为一个品尝成功果实的人?

贝多芬是世界知名的音乐家和作曲家,很多人都听过他的音乐作品。然而,对于人们来说,贝多芬的伟大成就不仅仅是他留传于后世的不朽音乐还有他努力工作的可贵品质。

众所周知,贝多芬是一名失聪的音乐家。他小时候的生活非常困苦,音乐对他来说是爱好更是谋生的工具。他很小就以弹钢琴的方式养活着自己和家人,并且逐渐成为一个能为上层社会的人们弹琴的知名演奏者,然而就在这个时候,命运却和他开了一个大大的玩笑,他因为生病而失去了听力,变成了一个聋子。

就在很多人断定这个初出茅庐的年轻人,已经失去了获得成功的资格的时候,贝多芬却远避人群开始了自己创作音乐作品的艰难之路。音乐是他的工作,也是他的生命。为了能够让自己坚持下去,他给自己制定了一个工作规则:无一日不动笔。

在他成名前的很多年里,他都一直遵守着这个规则,确保自己每天都有时间投入到工作中去,正是这样的习惯让他最终成为世人敬仰的一代乐圣。

拥有一个成功的人生,对我们每一个人来说都不是遥不可及的事情。贝多芬的人生是充满了曲折和坎坷的,上天曾赋予他天赋,最终又用最残忍的方式剥夺了它,但也正因为如此,贝多芬的成功才那么让人惊叹和佩服,而这位一代音乐宗师也给我们留下了成功的箴言:无一日不动笔。这是他自己的工作守则,而正是他持之以恒的"守则"态度,引导他走向成功的巅峰。

"守则"看起来是一个并不算高的工作要求,但是一个人能在长期工作的过程中自觉按照这项要求进行工作却并非易事。"守则"是最能考验员工素质的工作要求,我们都知道上班的时候应该遵守纪律,不能迟到,然而如果一名员工真能够坚持几十年如一日从不迟到,那就是非常困难的事情，为了遵守这项纪律，需要把工作放在第一位，有时不得不放弃自己的利益，还要克服自身的惰性和现实困难，而这也恰恰是人们争取成功人生的必备品质。因此，当我们确立自己的成功目标，并努力向成功的人生迈进的时候，先学会做一个"守则"的人，"守则"是培养成功品质的开端，"守则"也是我们创造成功人生的第一项工程。

第二章

岗前培训：岗前认真培训，上岗才能多出成绩

从校园走入职场，从一名毫无从业经验的学生成为一名合格的员工，岗前培训起着重要的、不可替代的作用。岗前培训的质量直接影响着每一名新员工的工作成绩，在培训中保持认真、主动的学习态度，不断给自己"加量"，同时踊跃参加"特别培训"，这是新员工顺利上岗，成为一名合格员工并不断走向优秀的前提。

1.

认真培训是迈向优秀的第一步

离开学校走向社会，踏入职场，开启崭新的职业篇章是每一个人都要经历的事情。然而，我们从事一份职业，并不是从踏上工作岗位的第一天开始的，在入职前参加单位的岗前培训才是我们工作的第一项内容，并且是必须认真做好的一项工作内容。

刚入职的新员工对自己的企业和岗位以及日后一起工作的同事们都怀着强烈的好奇心，迫切地想知道自己的企业的产品以及企业文化是什么，也急于了解自己未来的工作内容和即将朝夕相处的同事。以上这些内容都需要通过岗前培训和之后的工作过程来进行了解，一次成功的岗前培训，能让员工对自己的企业、对自己的工作有足够的了解，并且建立起对于企业的归属感和责任感，这对于员工轻松融入企业并自觉担负起自己的岗位职责起着至关重要的作用。所以，新入职员工应该认真参加岗前培训，这是我们认真工作的第一步，也是我们迈向优秀的第一步。

出于工作的需要，每个企业对新员工进行岗前培训的形式和重点不尽相同，总结起来有如下内容：

(1)完成各项入职程序。新入职的员工在参加培训之前会填写好人力资源信息表或者相关的一些表格用以企业备案。也会有相关人员向新员工介绍公司的各种福利和薪金的发放日期等内容。

(2) 熟悉自己的企业。通常企业会派专人向新员工介绍企业的自然环境、经营方式、员工组成和工作流程。带他们参观一下企业，亲眼看看企业的环境，向新员工介绍他们自己的工作场所，并告诉他们如何与其他工作岗位的人取得联系。带领新员工熟悉企业的过程是为了消除新员工对企业的陌生感，使其初步建立对企业的认同和归属感。

(3)熟悉自己的同事。在培训期间，新员工会在专人的陪同下来到自己的工作岗位，并与自己的新同事见面。在这期间，新员工会看到自己日后工作的环境，也会在别人的介绍下认识那些可以作为榜样来学习的优秀员工以及自己的领导。新员工在与同事第一次进行接触的时候，通过沟通了解自己日后的主要工作内容，自己的办公场所以及注意事项，也为日后与同事友好相处打下基础。

(4)了解企业的历史和经营理念。通过培训老师的讲述，新员工能够获得不少有关自己企业的信息，比如说：自己的企业是一个什么样的企业、自己企业的成长历程和重大事件、企业的主要经营内容和产品是什么以及企业的经营特色和理念是什么等等内容。这些信息能够让新员工对自己的企业增进了解，产生对企业的自豪和忠诚感。

(5)了解企业的发展目标。每个企业都会制定自己的发展前景，企业也会由专人将这个发展远景传达给新员工，并指导新员工建立自己的发展规则和目标以适应企业的发展需要，为员工的工作指明方向。

(6)让员工熟悉自己的岗位职责。岗前培训不仅要向新员工介绍整个企业的情况，而且要介绍他们自己的工作岗位。由专人负责与新员工一同学习工作说明书、岗位责任，并且描述恰当的工作行为并做出示范，制定日程安排，以便在规定的时间内让新员工掌握工作方法。在岗前培训过程中也会有专人教会新员工工作技能，随时回答问题，向他们提供指导。

认真参加岗前培训是我们开始工作的第一项内容，有些企业和员工却并不重视这项工作内容，殊不知轻视岗前培训也会给我们的工作带来不少的麻烦，甚至会使新工作尚未开始就陷入困境，这样的例子并不少见。

小雨刚从学校毕业就应聘到一家食品加工企业做质检员。终于结束了枯燥的学习生活步入社会的小雨对外面的世界充满

好奇，所以刚刚成为新员工的小雨沉浸在自由和快乐的情绪中。正在这个时候，小雨接到单位通知，要她参加新员工的岗前培训。

岗前培训对小雨来说是太简单不过的事情了，有些培训内容甚至在小雨看来是多余的事情，于是她频繁请假去和朋友们一起聚会。

小雨正式上岗的日子来了，为了给新同事和领导留下一个良好的印象，她特意挑选了自己最漂亮的衣服和高跟鞋来到单位。然而她的新领导一看到她的装扮就皱起了眉头，不满意地对小雨说："你这是来上班还是参加时装秀？"

原来小雨只顾着给同事和领导留下好印象，却忽略了岗前培训中有关岗位纪律的一项着装规定：员工进入工作区后，必须换工作服和工作鞋。为了这件事情，领导推迟了小雨上岗的时间，让她把岗前培训的内容重新学习以后再来单位报到。

在企业中，有一些新入职的员工甚至一些在岗位工作多年的老员工都不太重视岗前培训的重要性，他们觉得自己的职责和企业制度是在工作的过程中慢慢熟悉起来的，在岗前培训不过是走走过场，意义并不大。其实岗前培训不仅仅是员工入职前必须要经历的过程而且还应该拿出认真的态度，一丝不苟地完成才行。归纳起来，岗前培训有如下重要作用：

(1)岗前培训是做好工作的基础。我们知道刚刚走出校门，踏入社会的新员工的工作理念、价值观念以及行为方式并不完善，需要通过培训来纠正自己的理念，放弃不正确的心态，做好迎接新工作的准备工作。同时，培训也可以让员工及时掌握正确的工作方法和程序，少犯错误，使得员工在工作中创造出优异的业绩。

(2) 岗前培训是了解企业文化的课堂。在企业中有许多员工工作很多年了，仍然对自己的企业文化和企业的发展目标没什么了解，这也使得他们在工作中很容易迷失方向，抓不住工作的重点。比如说：有些企业视产品质量为生命，所以格外重视员工的工作质量和效率，如果员工了解了企业的这一经营宗旨,集中精力提高自己的工作效率,不断提升工作质量,就很有可能在企业中崭露头角成为企业重视的优秀员工。也有些企业更重视员工的全面发展,更看重员工的创新意识,等等,这些都会通过企业文化展示出来,岗前培训的主要内容就是宣传本企业的企业文化和经营理念,所以认真参加岗前培训,掌握企业的动向,无疑也是给自己的职业发展指明了方向。

(3)岗前培训帮助员工尽快融入企业。任何一名员工的发展离不开良好的工作环境,而熟悉自己的工作环境,尽快成为一名合格的员工则是新入职人员的主要任务。一个成功的岗前培训,能让新员工很快熟悉自己的办公环境,并与自己未来的同事建立良好的关系,这就为员工顺利地开展工作打下了基础。

由此可见,做好岗前培训对于新员工来说不仅不能缺少而且十分必要。用认真负责的态度对待岗前培训,不仅是我们迈向工作岗位的第一步,更是我们做好本职工作,迈向优秀的第一步。

2. 培训要想高效,必须提前做好准备

岗前培训不同于我们的专业性培训,岗前培训的内容涉及专业性、理论性的知识并不多,只是一些员工日常工作中需要了解和掌握的规则和章程,但是这并不意味着每个人都可以轻松地通过培训考核,如果我们轻视岗前培训,不在培训前提前做好准备工作,那么也一样有可能在简单的岗前培训中遇到困难。有时候我们在工作中,不经意犯的错误多半是因为没有认真掌握好岗前培训的内容而致。

如何提高岗位培训的效率,在短暂的培训期间取得良好的成绩,这是每一位员工都应该思考总结的问题。有些人觉得做好岗前培训，只要在上课的过程中认真听讲就足够了，也有些人觉得岗前培训就是走个过场，并不需要花费太多的精力和时间去做这件事情。事实上，这两种想法都不对，不管是思想上的不重视还是学习方法的缺陷都会影响岗前培训的质量。

家丽和敏儿是一对好姐妹，她们从同一所技校毕业又应聘到同一家企业上班，成天形影不离。

家丽生性活泼好动，踏入职场的她感觉自己像飞出牢笼的小鸟，终于不用像以前一样天天上课，被成堆的课本包围着。敏儿则知道新入职的员工还需要参加岗前培训才能顺利上岗工作。于是劝她："家丽，咱们还不能这么快就松劲儿呢，要提前为岗前培训做好准备，顺利通过培训才能上班。"家丽听了敏儿的话却不以为然，她心想："只是一个岗前培训嘛，到时候听老师讲讲课就行了，哪里需要什么准备工作呢。"

敏儿看到家丽并没有把自己的话听进去，心里十分着急，她知道岗前培训是她们踏入职场的第一步，也是对她们的第一个考验，如果不能顺利通过培训就有可能被企业辞退或者重新培训。而且岗前培训与学校的正规学习不同，因为时间短，所以岗前培训肯定不如在校学习时那么系统和详细，而她们也不再是学生而是具备一定自觉性的新员工，所以培训前一定要自己做好准备，这样才能在培训中取得好成绩。想到这些，敏儿用尽办法让家丽和自己一起做好岗前培训的准备工作。

一个月的岗前培训结束以后，家丽和敏儿都以优异的成绩顺利通过了培训，由于她俩在培训中的表现良好，给培训老师和单位领导留下了深刻的印象，最终被分配到同一个优秀班组工作。当然，也有一些不重视岗前培训的新员工没有通过培训考试，他们只能重新参加一次培训。看到那些重新回去参加培训的学员垂头丧气的样子，家丽感觉自己特别幸运，能拥有敏儿这样聪明而真诚的朋友。

对家丽来说,她的确是幸运的。她有敏儿这样的朋友,能在入职的关键时期给她正确的指引。像家丽和敏儿这样的新员工,由于不了解岗前培训的意义,有些人不重视培训前的准备工作。事实上,造成许多人未能通过培训考核的主要原因就是准备工作不充分,致使培训质量不高。

培训想要高效,必须提前做好准备。那么我们应该如何做,才算准备充分呢?

(1)了解岗前培训制度。

岗前培训是新员工入职的第一课,虽然新员工在培训期间不参加岗位劳动,但是一定要遵守培训期间的各项制度和规定。比如,有些单位要求新员工在参加培训的时候必须签到,而且要关闭手机铃声或者必须要做笔记等。新员工在培训前熟悉和了解各项培训制度和规定,这可以说是培训前最重要的准备工作。如果忽视了这项内容,就有可能影响培训的顺利进行,严重时还会影响到他人的培训。

(2)了解岗前培训的计划和流程。

无论做什么事情,我们都应该事先了解做事的计划和流程,只有这样才能将事情做好,做到位。岗前培训也是这样,新员工只有熟记培训的计划和流程才能避免自己在培训时手忙脚乱,不知所措。当我们熟悉了培训的计划和流程之后,就能保证自己的培训按部就班,顺利进行。

(3)了解岗前培训的内容。

每个企业的岗前培训内容都不太一样,有些企业的岗前培训侧重于新员工对企业的认识和了解,所以会在培训中加入大量企业文化的内容。也有些企业更注重员工的技能提高,所以会把岗位技能培训当成岗前培训的重点。不管企业岗前培训的重点内容是什么,新员工都应该提前掌握这些内容,并在开展培训以前进行预习,这样有助于理解培训内容,顺利抓住培训重点。

(4)了解岗前培训的课时安排。

和在校学习一样,参加岗位培训时,培训老师会提前公布培训的课时安排，也就是我们常说的课程表。通过培训课程表，我们可以根据课时的多少掌握培训的重点，提前做好预习。

以上几点都是我们在岗前培训开始以前需要做的准备工作，这些准备工作做得越充分，我们的培训效果就越好。通常企业对新员工进行岗前培训的时间都不算太长，但是培训的内容多，培训的项目也很杂，如何在有限的时间里获得高效的培训效果就成了新员工需要注意的问题。除了在培训前需要做以上准备工作之外，在培训进行当中也需要员工在课前做好预习、找资料和总结等准备工作。

岗前培训中有关岗位实践的课程，是第一次把以往学校学习的理论内容应用于实际操作的课程，对新员工来说，这也是职业生涯中第一次进行实际操作，更是第一次体验岗位工作的过程。虽然在培训中进行岗位实践的成绩好坏并不影响今后的工作，但是对员工来说这却是最好的积累经验、培养良好工作习惯的机会。在培训过程中，员工应该在课前了解课程安排，并根据课程内容提前预习与之相关的理论内容，在培训进行中认真听讲，仔细观察培训老师的操作，随时记好笔记，课后认真总结，找出自己还没有掌握的难点问题并向老师和同事请教。所以说课前预习、课上认真听讲、课后复习总结这三步是在培训期间每节课前应该做好的准备工作。

岗位培训对于刚踏入职场的新员工来说，是一个从学生到员工转化的过程，也是一个提高做事自觉性的过程。许多新员工的培训成绩不佳、效率不高的主要原因，除了对培训的重要性的认识不够之外，更主要的还与在学校时被动的学习习惯有关。企业与学校不同，虽然企业为员工提供了良好的学习条件和培训机会，但是关键还要依靠员工自己的自觉自动性去完成学习和培训的内容，培训老师不会像学校老师一样提出要求甚至督促学员完成自己的培训任务。因此，新员工主动而积极地做好各项培训的准备工作，才能在培训中掌握自己所需的各种知识和技能，在培训中取得良好的成绩。

3.

加强常规培训，多给自己“加量”

俗话说：千里之行，始于足下。新员工上岗前的入职培训就是员工自己职业生涯的第一步，也是员工转变心态，从学生到合格员工成功转型的关键一步。很多新员工因为意识不到岗前培训对自己职业生涯的重要性，所以对岗前培训持轻视的态度。事实上，新员工不但应该重视培训而且要在常规培训中严格要求自己，除了做好培训老师要求的事情之外，还应该抓住这个机会，给自己的培训“加量”，只有这样才能为自己的职业打下良好的基础，早日成为一名合格的员工。

对于上岗多年的老员工来说，随着经济的快速发展，新的工作方法和理念也不断推陈出新，所以也不应该抱着陈旧的工作经验不放，还应该多掌握一些与工作有关的新知识，定期参加单位组织的或者自己报名参加的常规培训就是十分必要的事情。有着多年工作经验的员工，有些时候接受新知识的速度比新员工要慢一些，所以在参加培训时更要多用些心思，不时给自己“加量”。

很多人认为培训不像正规的学习，需要花费大量的时间和精力，只需要稍用些心就可以轻易过关，其实这种想法并不对。在参加常规培训的过程中，需要我们加倍努力，有意识地对自己严格要求，尤其在常规培训当中，不但要按培训老师的要求完成各项学习任务，还应该尽量比别人多做些实践操作的练习和理论上的探讨，只有这样才能保证培训的质量，在有限的时间内掌握更多的与工作有关的经验和知识。

乐乐是某机械厂招收的新员工，他在技校学习的专业就是机械操作，与厂里招收的其他新员工相比，他有相当强的理论基础。乐乐也听说厂里招收的多半是没有任何工作经验和学历的新员工，所以自己心里很自信，在参加培训的时候也不那么用心，经常在培训课的时候玩手机游戏。

培训老师看到乐乐的表现非常不满意，批评乐乐说："你不要以为自己有一些理论基础就可以掉以轻心，事实上理论与实际操作是两回事。操作机械设备和你的手机游戏可不一样，如果在常规培训的时候不用心，以后真正到了工作岗位上，你可能真玩不转那些设备。"

听了培训老师的话，乐乐还是不以为然，心想："工作时用的那些车床都是些笨家伙，自己有不错的基础又不比别人笨，怎么可能会转不玩那些车床呢？"

老师看出了乐乐的心思，在一次实践操作课上，他让同学们上车床按要求加工一个简单的零件，其他的同学在培训时都十分认真，课后抢着上车床操作，因此，他们完成的零件质量都挺好，按老师在课上讲的步骤一丝不苟地完成操作。但是到了乐乐上车床操作的时候，他加工出的零件却不符合老师的要求。原来老师提出的加工要求有一个二次加工的工艺要求，所以员工在操作的时候必须要把车床上的刀具恢复到原位才能达到加工要求，但是乐乐上课听讲不认真，所以在实际操作的时候漏掉了这个简单的刀具回位的步骤，因此不管他怎么费脑子也想不出自己的问题究竟出在哪里了。

经过这次实践操作，乐乐再也不敢在培训课上做其他的事情了，专心听老师的每一句话，做好笔记，下了课之后还给自己增加了实践作业，遇到不会的问题及时请教老师和同学。

其实，像乐乐这样的新员工在我们身边并非个例。很多新员工在校时学习了不少与岗位工作有关的理论知识，但是要把这些理论知识用于工作实践还需要一个不断熟悉、加倍练习的过程，而常规培训正是帮助新员工完成这个过程的最好的方式。新员工如果不珍惜常规培训这个机会，在培训时得过且过，就有可能在工作实践中遇到问题，严重的会形成不良的工作习惯，给自己的职业生涯带来恶劣的影响。

在常规培训中给自己“加量”，就是在完成培训要求之外还要自己找机会进行自我培训。每个人在接触新知识和新事物的时候，都不能保证自己一次都领悟到位。因此，在培训课后给自己增加一些练习是十分必要的事情。在给自己“加量”的过程中，可以复习老师所讲的内容，巩固已经掌握的知识，同时，也会发现自己还没有领悟的难点知识，通过课后练习去攻克这些难题，为自己顺利上岗打下坚实的基础。

在给自己“加量”的过程中，还要注意与自己的同学和老师加强沟通。自己的同学就是自己今后工作中的同事，新员工在学习的过程中与同事建立起初步的沟通和联系，能有效地消除与同事的陌生感和隔阂感，有助于今后的工作。

除此之外，在常规培训给自己“加量”的过程中，还要注意“加量”学习的质量。虽然这种给自己“加量”的学习内容并不是老师的要求，但是新员工一样要对自己严格要求，珍惜这个难得的学习机会，不要以为这些不是老师的要求就可以放松要求，否则就失去了“加量”的意义。

当新员工进入培训的课堂，就意味着我们将成为一名综合素质达标的合格职业者，也意味着我们应该摒弃在学校时被督促学习的被动习惯，而是要不断提高自己的自觉性，主动对自己提出严格要求，主动为自己制定高标准。只有这样，新员工才能在短短的培训期内成长为一名适合企业、适合职场的合格员工。

4. 踊跃参加“特别培训”，彻底释放自身潜力

进入职场，意味着每一个新员工都站在人生中的一个新起点上，每个

人面前都有一条新的起跑线。如何才能让自己的综合素质在短期内快速提升,有一个质的飞越,让自己不输在职场的起跑线上,这是每个新员工都迫切想知道答案的一个问题。

众所周知,随着企业的发展,企业对员工的要求也越来越高,越来越全面。许多企业在招收员工的时候,已经不仅仅注重应聘者的学历和资质,更注重他们是否具有潜力,有潜力的员工能为企业创造更多的价值,成为企业持续发展和进步的生力军。对于新员工来说,踊跃参加各项培训来提升自己的素质,通过"特别培训"来拓展自己的能力,就是最好的向企业展示自己潜力的方式。

"特别培训"顾名思义,就是培训内容区别于常规培训的拓展型培训。这类培训往往不是企业指定的培训项目,而是员工根据个人实际情况而选择的培训。很多人对常规培训姑且不甚重视,对"特别培训"就更不会给予关注。事实上,对于今天的企业员工来说,根据自己的实际情况,制定各项培训计划是个不错的挖掘自己潜力、促进自己素质提升的方式。

小林工作了一段时间之后,他发现自己的交际能力很差。他的工作内容是银行柜台服务,但是因为他不善言辞,与同事和顾客屡次发生矛盾,这让他的工作陷入了困境。

事实上小林的工作能力很强,虽然刚上班不久,可是在工作中从来没有出现过失误,单位的领导对小林也十分器重,觉得他是一个有培养价值的新员工。可就是因为小林内向,不擅长与人交流的缺点,让领导和同事对他渐渐有些疏远。不但领导和同事对他越来越不热情,很多顾客也反映小林对顾客太冷淡,许多顾客宁愿去其他柜台办理业务也不愿意到小林的柜台来。

小林为此十分苦恼,难道说自己真的不适合这份工作,非要换个工作才行吗?他的朋友小谢听说了这件事情,劝他说:"小林,你这个人真不错,工作踏实肯干,只是欠缺一些交际能力,不如去报个培养交际能力的培训班来克服这个弱点。"

小林听了小谢的劝告,利用业余时间报了一个提升交际能力、克服沟通障碍的“特别培训”班。在这个培训班中，小林听从培训老师的建议，从建立自信开始，变被动与人沟通为主动与人交流，慢慢地小林的性格越来越开朗了，见到陌生人也没有以往的拘束感了。

短短两个月时间，同事们感觉小林像换了一个人。以前小林和同事们在一起，除了上、下班打个招呼就再也听不到他说话，而现在，小林不但能顺着同事的话题参与聊天，而且还能说些幽默笑话来为大家调节气氛，很快成了同事们眼里的开心果，大家都喜欢和他在一起聊天，各种同事的聚会上，小林也成了必不可少的人物。

小林的变化也给他的工作带来了不小的进展，由于他态度和善，许多顾客都挤在他的柜台前办理业务，很快他就成了业务量最多的员工。

两年过去了，小林已经成了行里最年轻的中层干部，领导看重他擅长交际、业务优秀的特点，早就把他调离了柜台服务，专门让他负责大客户的接待工作。小林感慨地说：“我最初以为工作时，只要工作能力好就行，可是谁知道因为自己缺乏沟通能力差点改行，现在想想还真得感谢我的朋友小谢让我参加的那个培训班，如果不是参加了这个培训，我可能真成了被职场淘汰的失败者了。”

一名业务能力强的员工也有可能成为职场的失败者，这对于今天的职场人士来说并不是耸人听闻的事情。在当今的职场，业务能力强但是综合素质低、缺乏潜力的员工是缺乏竞争力的员工，这样的员工如果不尽早提升自己的综合能力，不断挖掘自己的潜力就有可能被企业淘汰。参加“特别培训”就成了这类员工立足职场、成为优秀员工的首要前提。

参加“特别培训”的员工，首先要找到自己的“软肋”，切忌跟风。现在社会上各种培训项目繁多，但并不适合每一个人。员工要根据自己的实际情况做出正确的选择，否则就是浪费时间和金钱的无用功。对于从事服务性行业的员工来说，选择一些与礼仪、社交有关的培训课目是十分必要的；但对于工作中专业性较强的员工来说，制定一些与自己工作相关的培训课程才是最佳的选择，比如：一名与机械加工制造业有关的员工，可以选择计算机培训课程；一名需要与同事配合工作，亟须提升协作能力的员工，可以选择一些团队协作方面培训的课程，等等。

除了选择对“特别培训”的项目之外，员工还应该量力而行。不能因为参加培训而影响自己的正常工作。这就需要员工合理安排好自己的时间和精力，不能因小失大。有些员工上进心很强，迫切希望在短时间内提升自己的能力，于是同时报了很多培训课程，结果把自己弄得疲惫不堪，这就是得不偿失的事情了。有上进心、有学习的热情是好事情，但也要根据自己的情况合理做出计划安排，保证培训的效率和正常的生活不受到影响，这才是踊跃参加“特别培训”的最佳理念。

进入职场，有了一份相对稳定的工作并不是高枕无忧了，其实进入职场才意味着我们更要通过学习来不断提升自己。踊跃参加“特别培训”能通过学习弥补自身的不足，同时，我们许多人的潜力也是在培训的过程中不断被挖掘出来的。增强自己的实力，展示自己的潜力，这是新一代职业人士立足职场的“杀手锏”。

第三章

岗位责任：严守岗位职责，勇挑企业发展重担

当我们选择了一份工作的时候，就意味着选择了一份责任，切实将这份责任贯彻到工作岗位上，是每一名企业员工成熟与否的标志。当我们身处集体工作的时候，自己所负的责任就是集体责任中的一部分，尽管这部分责任可能很小，但是一旦出现纰漏，很可能会给整个集体带来巨大的损害。因此，我们作为一名企业员工，无论是出于对集体的利益还是对个人的利益考量，都应该时刻关注自己的岗位职责。

1. 岗位在哪里，责任就在哪里

工作没有贵贱，岗位无分大小，任何一份工作责任，对于集体的利益都起着至关重要的保障作用。而且就工作责任来说，最重要的一点是关乎员工工作态度，如果我们能够做到认真负责，那么即使现在的能力并不突出，也可以在一点一滴的工作中成长起来；相反，如果一个人的工作态度不够认真负责，那么即使他的工作能力非常出色，也很难保障在工作中做到万无一失，更不要说不断提高其工作能力了。

因此，作为一名合格的企业员工，我们必须随时随地保持对工作岗位的责任心，从而有效规避所有可能造成工作失误的因素，让自己最终建立起认真负责的工作习惯。

现实职场生活中，我们为了保障集体的利益，往往需要付出比别人更多的努力，关键时刻甚至要勇于牺牲自己的个人利益。但是，如果我们失去了对集体负责的意识，就会把自己的付出直接和个人回报联系在一起，从而把目光停留在一些蝇头小利上。

在这种情况下，就会非常容易发生个人利益和集体利益的冲突，如果我们不能负起责任，势必会做出损害集体利益的事情。由此我们可以看出，责任心是员工个人利益和企业集体利益的强大平衡和基本保障，当然也是我们成为优秀员工的首要前提。

尤其是在当代社会，国际化步伐日渐加快，各行各业的劳动分工都在不断细化。这就使得很多产品都需要经过多名员工的分工协作，实际上等于是一份产品对多份责任心的考验，如果整个生产链有一处存在疏漏，那么所有参与产品制作的努力都将归零，企业的利益也必将因此受损。

从长远角度来说，一家企业的员工是否具备高度责任心，将直接决定这家企业的市场竞争力。而对于一名企业员工来说，认真负责不仅是为企业的集体利益做出保障，同时也是对自身利益的长久维护。

SOHO(中国)销售总监胡文俊驰名业界，在SOHO(中国)狂扫国内房地产市场的销售大军中，胡文俊就是最耀眼的一颗明星。然而综观胡文俊的职业发展之路，我们发现他既不是天生聪慧，也没有任何社会资源，完全是凭着一份对工作和公司的责任心，才最终完成了个人职业之路的发展。

胡文俊的老家在农村，生活条件并不是很好，因此在大学毕业之后，家里就需要他来赚钱养家。为此，胡文俊无法选择继续学习深造，也无法选择一份自己真正喜欢的职业，而是为了高薪选择了一份销售工作。

然而对于刚刚进入职场的胡文俊来说，他的选择简直是自取灭亡。因为在当时，由于胡文俊性格过于内向，简直无法与人进行正常的沟通，说起话来不是不知所云，就是结结巴巴，所以经常被客户投诉甚至当面责骂。公司领导也曾经劝过胡文俊，明确地告诉他并不适合这份工作，希望他可以调去公司其他部门，或者干脆换一份工作。

但胡文俊却觉得自己还可以更努力，既然公司给了自己这份工作机会，就必须要负起属于自己的工作责任。在这份责任心的促使下，胡文俊利用业余时间恶补演讲技巧，并参加各种社会活动来锻炼口才，终于在三周之后成功签下了第一份销售合同。这给了胡文俊很大的信心，也让他在接下来的工作当中投入更大的激情，并最终完美承担起了自己的工作责任。

1999年前后，我国房地产行业发生剧变，很多房地产企业都出现了大换血，原因是由于一些曾经的大型公司中层甚至高层领导退出公司，转而开创属于自己的事业。为此，SOHO(中

国)也出现了大面积的高管空缺,胡文俊由于长时间的优异表现,很快进入了公司的领导层,并最终成为SOHO(中国)的一名销售总监。

其实,我们在工作中经常谈到的努力、自信、成长、敬业等表现,最深层的动力都是来源于对工作的责任心。众所周知,任何一名优秀的企业员工都需要一个成长过程,过于急躁反而会适得其反。我们可以看到,很多人在起步的时候也像胡文俊一样并不顺利,但是因为有了责任心的"庇护",他们总能一步一个脚印地走向优秀,并最终取得职业发展的成功。

此外,我们在工作中是否具有责任心,还会不可避免地成为一种生活态度。如果我们对待工作从来没有负责过,那么在与人交往的过程中也不会表现出真诚,这样就会造成人际关系的混乱和糟糕。如果我们把这种糟糕的人际关系带到工作中,对于我们的能力提高和职业发展进一步造成负面影响。而且当一个人遭到集体排斥的时候,公司领导为了稳定军心和纯洁团队,很可能会毫不犹豫地将他踢出局。

事实上,我们在进行职场修为的时候,往往能够切实关注自己的能力增长,从而不断督促自己进行学习和工作。但是对于工作责任心的建设,很多人却经常会忽视掉,因此很多人虽然工作能力非常突出,然而在工作中能够取得的成绩却总是不尽如人意。久而久之,这类企业员工就会认为自己的付出和回报不成正比,因此难免失去继续学习和工作的信心,最终成为一个职场竞争中的失败者,哪怕他曾经取得过无比辉煌的成绩。

企业用人同样如此,如果一名员工能力平平,责任心却非常强,那么企业至少可以一点点地对他进行培养。但是如果一名员工的责任心有所欠缺,即使他的能力再强,企业也不可能放心大胆地任用他。这个道理很简单,一个人如果对自己的工作都不负责任,那么我们也无法再指望他对任何事情负责任。

所以,对于每一名企业员工来说,工作就意味着责任,无论到了什么时候,以及到了什么地方,只要我们没有放弃工作,就要以工作责任为自己的最高行为准则。唯有如此,我们才能养成认真负责的工作习惯,从而不断提高自己的工作能力，并最终实现自己的职业理想和人生目标。当然，在这个过程当中，我们能够为企业创造的价值也将是不可限量的。

2.

坚守岗位责任，从服从领导安排开始

如果说执行命令是军人的天职，那么服从安排就是每一名企业员工的天职，因为作为一名企业员工，最大的职场价值就是完成领导交付的每一份工作任务。很多时候，也许领导做出的决定没有兼顾我们的个人利益，甚至和我们的想法大相径庭。但是对于领导而言，他必须顾全大局，如果牺牲我们的个人利益，能够保障公司的集体利益，那么我们应该感到荣幸才对。何况从长远利益来看，虽然我们失去了一次利益所得，却能够换取领导的认可，实际上是利大于弊的。

与此同时，坚决服从领导的安排，也是为了使企业形成集体力量。众所周知，一盘散沙和精诚团结，对于一家企业产生的影响将形成天壤之别。我们作为一名企业员工，即使出于对自身利益的考量，也必须首先保障集体的外部利益所得。这就要求我们在领导的统一安排和指挥下，并肩作战，形成上下一致的竞争力量，绝对不能在团队中出现任何不一致的声音。即使我们对领导的决定有很大意见，也只能在事后进行商议，执行过程中则必须丝毫不打折扣。

然而在现代职场中，却有很多员工无法具备这种大局观念，他们总是主观不努力，从客观方面找原因。对于这些员工来说，不要说为集体贡献力量，即使不拖集体的后腿就已经不错了，因此他们很难在集体中立足。如果我们可以了解一下那些优秀的企业员工，就会发现他们从来都是任劳任怨，无论领导交给他们什么任务，都会认真负责地去完成。对此，我们作为一名企业员工应该清晰地认识到，当我们接到领导交给自己的任务时，有条件要去完成，没有条件创造条件也要去完成。

可惜很多员工对领导交给的任务总是“讨价还价”、“挑肥拣瘦”，只要发现任务存在一定的难度，立即就会躲得无影无踪。殊不知，领导把那些艰巨的任务交给我们，正是因为对我们的信任，而我们也恰好可以得到一个证明和展示自己的机会，对于那些准备充足的人来说，等的就是这一刻。所谓“真金不怕火炼”，我们也只有完成了那些高难度的工作挑战，才能证明自己的价值所在，并且每次接受挑战都能够提高我们的工作能力。而如果我们只是完成那些自己擅长的、熟悉的和简单的工作，那么我们的工作能力将止步不前，职业发展也会失去前景。

宋楠楠是石家庄市蓝影广告公司的一名文员，实习期间凭借着认真负责的工作态度，得到领导和同事的高度认可。但是和宋楠楠一起实习的同学们，却对她产生了一丝不解，她们认为实习本身应该被视为学习的一部分，因此仍然可以像大学生活一样悠闲自在。

2012年9月，眼看实习期就要结束，宋楠楠也和同学们约好了去三亚度假。但是公司领导却忽然找到宋楠楠，希望她出差去南京，处理一下那边的公司事务。对于这个“过分”的要求，同学们都劝宋楠楠不要答应，而且大家已经约好了出去玩。但是宋楠楠想到实习期毕竟尚未结束，服从领导安排责无旁贷，于是立即决定动身去南京。

到了南京之后宋楠楠才知道，等待自己的工作任务是一个巨大的挑战。按照合作方提出来的要求，宋楠楠必须在一晚之内完成广告图的设计，并且做出巨幅的宣传海报，而她的助手则只是两个还没毕业的兼职学生。但是想到人都已经来了，绝没有打退堂鼓的道理，宋楠楠随即拿出拼命的架势，一面让助手准备材料，一面审阅客户要求，设计相关的广告内容。

午夜时分，宋楠楠在助手的帮助下，终于完成了三份策划案，并最终使其中的一份得到了客户认可，按照客户要求做出相应修改之后，接下来就是绘制巨幅宣传画。这项工作对于宋楠楠来说更具挑战性，在此之前，她虽然做过相关工作，但基本上只是参与局部工作，从来没有主持过整幅绘制。然而，看看身边那两个比自己还要无所适从的助手，宋楠楠也只好勉为其难，亲自上阵了。

只要认真，什么事情都可以做好。当宋楠楠完成了整幅宣传画的绘制后，她简直不敢相信是自己的杰作，客户看了之后也立即给出了极高的评价。这也让宋楠楠的两名助手倍感钦佩，当他们知道宋楠楠还只是一名实习生之后，简直把她当成了天才和偶像。回到石家庄总公司之后，宋楠楠也因为优秀的表现而得到领导赞赏，并同时接到了该公司的工作邀请函。

企业的意义在于集体，集体的价值在于团结，而我们在集体工作中如果想要体现出这一点，就必须切实做到以领导为核心去工作。即便我们不能和领导形成统一思想认识，也要坚决执行领导的命令，否则一个集体也就不能称之为集体了，因为只要某个人或某几个人不服从领导安排，就可以造成集体利益的严重受损。因此，当我们选择进入公司工作的时候，必须首先认清集体的意义所在，然后才能做到绝对地服从领导，从而和整个团队一起成长，并且最终铸就个人和集体的辉煌甚至传奇。

美国著名大财阀首脑洛克菲勒曾经说过：“公司的任何员工都可以对我的想法提出反对，而且我很欢迎大家这么做，但是当我们最终做出决定之后，任何一个没有执行到位的员工，都将受到极其严厉的惩罚。”领导的权威和价值就在于此，试想一下，如果领导发布决定之后没人执行，那么这个领导还有什么存在的意义呢？其实，我们每个人都有自己的不同想法，尤其是牵扯到自身利益的时候，相关意见会非常坚决。所以对于一名领导者而言，难的不是得到不同意见，而是如何在五花八门的意见中得到那个最有利的意见。这也就要求我们，无论领导最终做出了什么决定，哪怕是和我们的个人意见完全对立，作为领导的下属，我们也必须坚决予以执行，如此才能显现出集体的价值和力度。

当然，领导交付的任务还可能具有相当大的难度。面对这种情况，我们至少要表现出接受挑战的勇气，因为即使挑战失败，也比那些畏首畏尾的逃避者更让领导欣赏。而且我们应该相信，领导之所以把艰巨的任务交给我们去完成，就是因为在他看来我们可以完成，毕竟没有哪个领导会拿集体以及自身的利益开玩笑。所以，只要我们认真负责地去完成，并不折不扣地执行领导的命令，最终一定能够取得成功。

3．恪守岗位责任，追求工作“零缺陷”

据科学家最新研究成果表明，人类的大脑开发利用率从未超过10%，包括世界知名的物理学家爱因斯坦在内。换句话说，我们每个人的工作潜力都是无穷的，只要努力学习，奋发向上，在工作中实现“零缺陷”是完全有可能的。比如一名技艺娴熟的钢琴家，每秒钟触键 60 下以上，仍然能够保持数十分钟不出差错。也许有人会说，很多工作的细节繁琐复杂，我们作为普通企业员工，不可能实现真正的“零缺陷”。事实上，这一点谁都不能否认，但是为了我们的工作能力可以得到不断提高，以及尽可能地避免工作缺陷，“零缺陷”还是我们必须要追求的职业目标。

与此同时，追求工作“零缺陷”，并不是一朝一夕就可以完成的。而是要建立一个长远的学习和工作规划，并且用发展的目光去面对自己的职业之旅，在一点一滴中不断取得进步，如此才能真正恪守岗位责任。面对这种情况，我们最要紧的工作是调整好自己的心态，只要保持长期的努力决心，避免因为操之过急而导致适得其反的效果。接下来，当我们能够把追求工作“零缺陷”当成习惯，就能够在此过程中受益无穷，并且最终实现自己预期的职业发展目标。

如今，作为职场修为的最佳途径之一，追求工作“零缺陷”已经被很多企业纳入规章制度的建设。对于这些企业而言，他们不仅能够最终变得强大，而且能够持续强大，当他们参与到市场竞争中时，往往能够表现出生龙活虎般的竞争力。原因就是由于这些企业的每一名员工都能做到高度负责，切实把公司的利益当成自己的利益，而且这不仅依赖于他们强烈的责任感，还依赖于他们在追求工作“零缺陷”的过程中所塑造的超强工作能力。

沈阳机械制造六所是我国航天器材的重要生产部门，每次火箭发射，几乎都有他们做出的重要贡献。邱明河就是这支团队中的重要一员，自从参加工作以后，邱明河除了每年有限的几天探亲假以外，基本将全部时间都倾注在了工作上。

2012年，我国准备发射“天宫二号”航天飞船，相关工作不仅要完成载人航天的相关实验，还要和“天宫一号”实现宇宙对接。为了圆满完成党和国家交付的任务，邱明河带队常驻研发现场，为了攻克一个又一个技术难关，他经常连续奋斗数个昼夜。

“天宫二号”发射当天，由于体力严重透支，邱明河被领导强令回到宿舍休息。但是已经筋疲力尽的他却怎么也睡不着觉，冥冥中总觉得火箭发射好像还有什么地方存在不足。因为实在睡不着觉，又不想去发射现场让领导为难，邱明河干脆起身来到研究所，埋头开始查阅数据。

结果邱明河果然在浩瀚的文件堆中找到一条可疑数据，根据三维图像推演测算，他敏锐地判定出，相关程序在火箭运行后会对冷却系统造成压力陡增。如果冷却系统没有经过特定的技术处理，这次发射可能会出现大问题，后果简直不堪设想。

为此，邱明河在飞船发射前40分钟及时叫停，并向最高指挥部提交了自己的书面分析报告。经过相关技术人员的实际测定，果然发现邱明河反映的问题确实存在，从而有效避免了一次发射事故。

众所周知，航天设备的组成繁杂而精密，任何一个微小细节的疏忽，都可能会造成整个航天器材的报废，从而使国家财产遭受重大损失。作为一名完美主义的信仰者，邱明河正是依靠着工作“零缺陷”的信仰，用自己的实际行动保障着航天器发射的万无一失。现实职场中，虽然我们面临的工作多半不如航天器材复杂，但是追求工作“零缺陷”的精神，同样能够为我们的职业发展带来积极作用。因此，我们必须在工作中建立起强烈的责任心，认真负责地对待每一项工作内容。

此外，职场生活中还存在着这样一群人，他们在参加工作之初，确实能够奋发图强，并通过自身努力取得了预期成功。但是在成功之后，他们却立即变得好吃懒做起来，直到最终坐吃山空，变得像最初那样一无所有。对此我们必须谨记，世界是处于不断发展之中的，社会也在不断进步，如果我们想要在职场竞争中站稳脚跟，就要不断进行学习和努力。换句话说，我们唯有把学习和成长当成一种习惯，才能让自己得到不断成长，从而承担起属于自己的岗位职责，并向着工作“零缺陷”目标不断前行。

4. 做到日事日清，负起岗位职责

我们每个人都知道生命的重要性，但是却很少有人关注时间的重要性，甚至习惯性地将其忽略。其实，对于我们每个人而言，时间就等同于生命，浪费时间就是浪费生命，把握时间，就是在把握生命。鲁迅先生也曾经说过："浪费别人的时间，等于谋杀；浪费自己的时间，等于自杀。"如果我们不想让自己的生命"死"在自己手里，就必须学会珍惜生命，而珍惜生命的最佳途径，就是珍惜生命中的每一天。具体来说，就是把每一天该做的事情都做完，绝不推延到第二天。

珍惜生命里的每一天，说起来容易，做起来也不难。只要我们把每天的工作都按时完成，就能够切实做到这一点，否则必然会陷入"明日复明日"的恶性循环之中。在此我们必须谨记，人生数十年的光阴说短不短，但是说长却也不长，如果我们不能充分利用好每一天的时间，必然会使大把时光在自己的指尖上白白溜走。而且时间又属于不可再生资源，失去了就永远也找不回来了，因此我们连后悔的机会都没有。

而如果我们想要切实做到日事日清，首先必须制定完整的工作计划，然后按照这个计划去贯彻执行。如果我们只是一味地拖延，认为自己未来的日子还很长，最终就会养成拖延的恶习，如此则只能使自己的人生充满失败和懊悔。事实上，对于很多聪明人来说，他们不仅不会把今天的事情留到明天去做，而且还会在今天把明天的事情也尽量做完，这样就可以为自己在职场竞争中赢得先机。如果我们能够将此养成习惯，则可以在职场竞争中长期立于不败之地，并且最终实现自己的职业目标和人生理想。

吉米·卡特是美国第39任总统，他一生致力于服务美国人民，曾经为美国的现代化进程做出过巨大贡献，从而受到美国人民的爱戴。对于这样一位总统，大多数人会认为他的一生必定了无遗憾，但是只有与吉米·卡特最亲近的人才知道，他实际上在自己的人生当中留下了一个巨大的遗憾。弥留之际，吉米·卡特的子女聚在他的身边，问他还有什么遗憾，并且希望自己能够替他完成。结果吉米·卡特只是艰难地指了一下电视机，说："陪我看一场棒球比赛吧。"

众所周知，美国是一个崇尚武力的国家，因此体育运动在美国极受欢迎。年轻的吉米·卡特也不例外，而他在当时的理想，正是成为一名优秀的棒球手。但是机缘巧合,吉米·卡特在大学毕业后成了一名政府官员,但是他并没有长期做下去的打算,只是觉得比较新奇,所以愿意尝试一下政客的生活。

很快,吉米·卡特开始被政务缠身,尤其是当他表现出优秀的政治才能之后,他和棒球的距离变得更加遥远。不过即使到了这个时候,吉米·卡特还是没有放弃棒球运动,他曾经不止一次对朋友说起,只要一有机会,他就会放弃政客的工作,转而投身棒球运动。然而还没有等他得到适合的机会,吉米·卡特却被民主党选中,参加了美国的总统选举,并最终成为美国第39任总统。

此时的吉米·卡特不禁唏嘘,因为此时的他,早已过了做棒球手的年纪,即便如此,吉米·卡特还是坚信自己在总统任期满后,会成为一名棒球教练,哪怕只是在一个小俱乐部里当一名小教练也好。不过很可惜,4年总统期满后,吉米·卡特被国际事务所累,不得不长期担任美国的外交工作,直到他的身体完全垮掉,连棒球教练都做不成了。

时间就像是一种来自上古的巫术,它总能让我们没理由地相信自己还有大把光阴,为此总会让我们把今天该做的事情推到明天。直到大限将至,我们却早已无能为力,低头细数,发现自己居然什么都没做成。其实,我们每个人都极度希望自己能够取得成功,甚至有些人坚信自己最终一定能够取得成功,但是在走向成功的道路上,很多人却一直止步不前,甚至徘徊在岔路上浪费时间。

所以,如果我们不想让自己的一生在碌碌无为中度过,就要尽快为自己制定人生发展规划,并且每天按时完成自己的规定目标。唯有如此,我们才能了解时间的重要性,然后积极主动地去完成每天的工作任务,切实做到“日事日清”,并全面担负起属于自己的岗位责任。

5.

责任感越强，事业就越大

通常来讲，一个人的责任感越强，他审视事物的目光就会越高。而一个人审视事物的目光越长远，那么他的事业发展也就能够越大、越强，所谓“心有多大，舞台就有多大”，说的就是这个道理。因此，如果我们想要让自己的职业发展取得长足进步，就不能鼠目寸光地盯着眼前的蝇头小利不放，而是必须要将自己的目光放长远。然后再制定切实可行的职业规划，再通过远大目标的指引和促使，最终理想目标实现。

众所周知，我们在职场竞争中要想立于不败之地，需要进行不断的努力学习。否则就算我们能够维持当前的工作能力，在整个职场对于员工素质要求不断提高的大环境下，我们也将面临被淘汰的下场。为了避免这种情况发生，我们必须将自己的职业目标定得足够长远，并且能够坚持不懈地去执行自己制定的计划。因此，如果我们定下的目标轻易就能够实现，那样只能让自己的工作能力长时间处于一个“垫底儿”的水平。

作为一名企业员工，是否具有真正的工作责任心，将直接决定他的工作效率和工作质量，从而间接决定他最终能够达到的职场高度。如果我们只想着混到月底领工资，那么我们对于自己的工作责任就无法形成足够的重视，甚至会因为对责任的疏忽而造成工作失误，继而影响到集体的利益。而如果我们想要取得长远的职业发展，就会积极主动地将每一项工作完成好，以便得到领导的赏识和青睐，从而为自己的职业发展奠定基础。

对于工作中的一些具有挑战性的任务，那些有责任感的员工都会迎难而上，至少不会逃避属于自己的责任。如此一来，他们的工作能力就能够在一次次挑战高难度任务的过程中被拔高，从而能够担负起更多、更重要的工作责任，并且得到越来越强的能力和信心。对于这样的员工来说，他们的工作责任和能力会进入一个良性循环，不仅能够保障他们在日常的工作中轻松自如，还能使他们最终得到自己预期的理想和目标。

天津惠民药业自创建以来就确立了"平价药，高质药"的企业目标，力求为老百姓打造出一个信得过的药品品牌。为了能使这一理念彻底得到落实，老板张泽明以"民众健康公仆"为口号，大力建设企业文明精神。如此一来，仅仅过了3个年头，惠民药业就在老百姓当中受到良好反馈，很多人都对惠民药业的廉价药品称赞不已，认为他们是真正的"惠民"药业。

如此一来，惠民药业的产品销量也在与日俱增，尽管药品的盈利空间不如其他药企，但是在庞大销量的保障下，总体盈利还是非常可观。在这种情况下，张泽明并没有忘记自己最初的责任感，即为百姓做"平价药，高质药"。因此，张泽明并没有停下公司的发展脚步，而是将所有盈利全部投入新药品的研制，立志让药品的质量得到持续提高，并且在研发团队的大力配合下，逐渐显现成效。

张泽明的努力最终收到成效，在2011年召开的全国药品博览会上，天津惠民药业勇夺桂冠，再加上之前的一系列好评，该企业立即成为全国及整个东南亚药商的新贵。但张泽明却并没有因此感到满足，而是很快就设定了新的企业发展目标，那就是成为全亚洲，甚至全世界的知名药企。

在这种号召下，天津惠民药业再次进入高速发展模式。2012年年初，张泽明在秘鲁签下大单药品出售协议，这也标志着惠民药业从此走出了亚洲。而进入国际市场的张泽明也很快发现，国际药企和国内药企的发展模式有很大不同，相比之下，人家的发展模式显然具有较大优势，其中最重要的一点就是基金会的成立。

2012年7月21日，张泽明参加了一次国际红十字会组织的非洲之行，其间亲眼目睹了非洲儿童的生活环境，以及他们对于药品的渴望。归国之后，张泽明立即成立了首批注入资金300万元的“惠民基金”，此举还引来国际社会力量的广泛关注和支持，截止到2012年年底，该基金会已经融资超过1.3亿美元，并成立了全世界一流的药品研制团队。而张泽明的惠民药业，也从此开始正式走上了国际化发展道路，继而向着更高、更远的发展目标昂首前行。

一家企业的发展需要领导者的责任心来保障，我们作为一名企业员工，如果想要取得自身的职业发展，就只能依赖自己的责任心了。其实，对于一名企业老板来说，他绝对不会喜欢一个没有责任心的人，因为没有责任心同时也就意味着没有上进心，而一个没有上进心的员工，根本无法为企业创造应有的经济价值。而且，一个人如果能够建立责任心，他的责任心就能够越来越强，如果他不具备责任心，那么即使一时能够认真负责地面对工作，久而久之也难免会忘掉责任。

与此同时，责任心也是我们取得职业发展的指引力和推动力，所以我们的职业目标越长远，对于我们的发展就越是有诱惑力，从而对我们形成的有效引导力也会越大，并且以此来促使我们更好、更快地完成职业发展。当然，我们在提高责任感的同时，也应该注重自身的工作能力的提高，从而为自己担起更多、更大的责任奠定基础。而当我们能够担起更多、更大的责任时，我们的工作能力也会得到进一步提高，如此我们最终能够取得的职业发展必将是不可限量的。

除此之外，只要我们行为得当，即使在工作中有点野心也是值得肯定的。拿破仑说过，“不想当将军的士兵不是好士兵”，同理，一个不想当领导的员工，也不会是一个好员工。因为一名员工如果想要成为领导，就会形成强大的上进心，只要领导调教得当，这类员工的成长速度是非常惊人的，他们最终能够取得的职业成就，也将是一般人所无法比拟的。对此，我们可以将自己的职场之旅当成一座舞台来经营，并且深刻地认识到，只有我们的舞台足够大，才能创造足够辉煌的事业，从而演绎出足够精彩的人生。

第四章

劳动薪酬:合理要求工作薪酬,建立良好劳动关系

现代职场中,薪酬矛盾已经成为企业和员工之间的矛盾点之一,很多企业与员工因为无法处理好这一矛盾,才致使自身发展受到影响。因此,我们作为一名企业员工,如果想要达成自己预期的职业发展,首先必须做到合理要求自己的工作薪酬。而要切实做到这一点,我们还需要客观了解自己的工作价值,一方面不能估计过低,另一方面也不能估计过高。估计过低,会损害自身的应得利益;估计过高,则必将影响我们和企业的正常合作关系。

1.

别让不合理的薪资要求影响劳资关系

薪资问题在现代职场中已经越来越敏感,很多企业对此都是讳莫如深,这也让很多员工对企业的薪资制度捉摸不透。实事求是地讲,企业总会觉得付给员工的薪资已经够多,每增加一分都像滴血剜肉般难受;而员工则总是认为企业应该付给自己更多的薪资,即使企业提高了相应的薪资待遇,也会觉得是理所应当的。我们由此也可以看出,企业和员工之间在薪资问题上存在着天然矛盾。这就要我们无论是企业还是员工,都应该谨慎对待薪资问题,企业应该制定一套明确有效的薪资制度,并且严格照此执行。员工则应该充分考量自身的职场价值,客观进行薪资评估,切不可脱离实际,贪得无厌。

然而在现实职场生活中,很多企业对薪资管理都存在不同程度的不适当行为,从而让员工感觉到了待遇不公,导致矛盾激化。常见的现象包括:

(1) 薪资低于市场平均值。即使像富士康那样的封闭企业,也不可能完全隔绝员工和外部的联系,因此所有员工都会将自己的薪资和其他同类企业相比。如果数额存在明显差距,那么必然引起员工的不满,从而引发矛盾。结果很可能使优秀的员工外流,最终导致企业发展失去原动力,甚至走向覆灭。

(2) 同工不同酬。对于从事同样工作的员工,很多企业都会采取不同的薪资待遇,其原意是激励那些工作不努力的员工发愤图强,从而促进整体的工作效率。然而在实际情况中,努力和不努力并没有一个明确的标杆,很多人都会认为自己比别人更努力,得到的薪资也应该更多,因此矛盾也就激化了。

(3) 同酬不同劳。有些公司对薪资支付采取了透明化制度,并努力使所有员工的薪资数额都比较接近,以此来缓解薪资矛盾,这种方法当然也是合理的。因为在一家企业中,即使面对一类工作,也有很多员工无所事事,同时又有很多员工忙得喘不过来气。如果在薪资数额上不能明显体现出来,勤劳肯干的员工就会逐渐懈怠下来。

针对以上情况,公司可以制定基本工资加绩效工资的薪资体制,将员工薪资和工作成绩切实结合在一起,并且通过布告的形式发布出来,可以有效缓解相关矛盾。

(4) 基层员工和管理层员工薪资差额过大。管理层员工对于企业的运转作用更大,薪资也理应更高,这一点无可厚非,但是如果薪资差距过大,矛盾还是会产生。在此,企业可以采取股权分配的形式给予管理层员工酬劳,从而使他们的基本工资和底层员工相差不多。这样一来,既可以有效吸引并留住人才,也可以缓解管理层员工和基层员工的薪资矛盾。

(5) 薪资浮动和企业发展状况不一致。对于很多企业来说,当其经营遭遇困难的时候,都会想到延发或者降低员工薪资,而作为员工也多数能够给予理解。但是有些企业的做法却不仁不义,他们不但在经营好转之后仍不恢复员工的薪资待遇,或者在公司取得显著发展之后不提高员工的薪资待遇,而且当企业再次遇到困难后,还会厚颜无耻地降低或延发员工薪资。

对此,我们在面对薪资问题的时候,就需要建立起一种合作共赢的总体原则,即保障自身的利益,又不能侵犯企业的利益。因为如果企业的利益受损,甚至面临衰败和灭亡,我们的利益也将失去保障。而对于一家企业来说,如果想要在市场竞争中取得良好的发展势头,不仅要时刻关注客户的切身利益,同时也必须关注员工的利益。毕竟,企业的发展首先需要有一个和谐的内部环境为基础,如此才能免去后顾之忧。

湖南长沙曾经有两家同等规模的特色菜馆,虽然在开办初

期生意差不多，但是最终却有一家不得不倒闭了，另一家却越发地如日中天。但是让人不解的是，两家菜馆的菜品和服务方式都如出一辙，为什么结果却如此迥异呢？

后来大家才逐渐搞清状况，原来，两家菜馆最大的不同在于员工福利待遇。成功的菜馆员工福利丰厚，员工每天带着愉悦的心情服务顾客，同时也使这种积极的心情感染了顾客，保障了用餐环境的和谐；失败的菜馆员工福利非常差，员工每天带着糟糕的心情服务顾客，从而也把这种负面的心情带给了顾客，导致用餐环境失和。

接下来，用餐环境和谐的菜馆顾客越来越多，老板的心情越来越好，员工的福利待遇也越来越高，这些员工在服务顾客的时候当然也更加开心，因此进入一个良性循环。至于那家用餐环境失和的菜馆，则顾客越来越少，然后是老板的心情越来越糟糕，员工的福利待遇也越来越差，他们在服务顾客时的心情也就越来越坏，因此陷入了一个恶性循环。

如此久而久之，进入良性循环的菜馆越来越红火，陷于恶性循环的菜馆则只能关门大吉。而导致这种不同结果的源头问题，则正是员工的福利待遇。

现实职场中，员工的薪资合理问题不仅需要企业和员工的共同努力，同时还需要社会各方的共同协作。首先是国家立法，需要对企业和员工之间的薪资问题做出科学合理的原则性指引和监督；其次要建立企业和员工之间的薪资协商机制和平台，这需要国家和工会多加努力；再者，也是最重要的，要建立员工的维权意识，包括维护自身和企业的合法权益；接下来，国家要多建立一些强制的福利制度，比如当前的“五险一金”；最后，企业要为员工提供以下保障性福利，如果员工能够在这方面认可企业，在薪资方面自然就会做出让步。

但是，要切实地解决问题，还需要建立一些制度性的法律法规条文。比如依法签订劳动合同，维护劳资双方的合法权益；积极发挥工会作用，帮助员工建立强大的协商和援助力量；落实国家相关福利政策，并尽力为员工提供企业福利，增强员工对企业的认同感；培养员工不断提高工作能力，并相应提高其薪资待遇；加强员工的法律意识，让员工对自身和企业的合法利益都能形成科学合理的认识。

当然，维持合理的薪资权益，还需要我们首先提出合理的薪资要求。切不可脱离实际，盲目索求，最终造成和企业之间不可调节的矛盾。

2. 高薪资都是用高业绩换来的

公司都是以盈利为目的的，因此我们只有做出高效的业绩，为公司贡献出属于自己的经济价值，才能得到更多的薪资收入。然而，在现实职场生活中，我们总可以看到一些人对自己的薪资不满，但他们却将大部分精力用在抱怨连天上，从来没想过要如何提高自己的工作能力，以便为公司贡献出更大价值。对于这样的员工来说，不仅无法提高自己的薪资待遇，还会遭到老板和同事的厌恶，甚至丢掉工作。还有一类员工，他们确实具有较高的学历，但是在实际工作中却眼高手低，小事不屑做，大事做不来，从而造成实践经验的严重不足。

其实，对待职业发展问题，我们必须切实认清一点，即企业仅仅是为我们提供了一个平台，我们在这个平台上获得多少回报，最终要看我们自己能够付出多少。很多人都希望自己的薪资能够提高，但是如果我们能够站在老板的角度想一想，就会发现能够给我们涨工资的理由寥寥无几。比如有些人认为自己在公司的资历老，有些人认为自己的学历高，甚至有些人认为自己和老板的关系好，都觉得自己应该得到更高的薪资。实际上，能够最终决定我们得到多少薪资的只有一个标准，那就是我们为企业创造了多少价值,具体来说就是我们完成了多少工作业绩。

因此,我们作为一名企业员工,不仅要建立用业绩换薪资的职场意识,还要不断努力学习实践,全面提高自己的工作能力。如此一来,我们才能完成更多的工作业绩,从而为企业创造越来越多的经济价值,并最终得到理想的薪资待遇。只要我们能够切实为企业创造高额利益,就算一两次未能得到老板的关注,薪资待遇也没有得到提高,但是只要我们能够坚持不懈,并不断成长,从而展示出自己过硬的实力,那么我们必定可以得到老板的认可。如此一来,即使我们不主动要求提高薪资待遇,公司和老板为了留住我们,也会这样做的。

崔敏是海南三亚一家房产公司的销售员,由于销售工作需要一对一地传带,她在工作之初也有了自己的"师父"。但是让崔敏感到不幸的是,这位师父对她的帮助并不大,很多地方对她的要求简直有些过分。

首先,作为职场老人,师父将所有优质客户全部揽在自己手中,交给崔敏的则是一些劣质客户。其次,在客户开发过程中,师父也很少给她做指点,只是给了她一套相关销售技巧的书籍。最后,也是让崔敏最不能接受的一点,其他"师父"或多或少都会在老板面前为自己的"徒弟"美言几句,但崔敏的师父却从来没有这么做过。

很快,公司开始为新员工设定薪资待遇,由于其他新员工的师父都存在不同程度"放水"行为,崔敏很可能会成为垫底的一个。为此,崔敏专门找到师父,希望她给自己提供一些优质客户。何况徒弟带得好,除了有公司的直接现金奖励外,面子上也是有光彩的。但是尽管崔敏一阵游说,师父就是死不松口,还威胁她会把那些劣质客户也收回去。

眼见向师父求助无望,崔敏只好另想办法。经过一番苦苦思索,她终于想到了一条"妙计",那就是给老板送礼。看着崔敏花了整整一个月工资为老板购买的礼品,公司老板多少有些诧异，转而问崔敏对工作有什么想法。

崔敏闻语，立即把师父的种种不好倾诉了出来，而公司老板只说了一句话，就让崔敏立即改变了原来的想法。只听公司老板说："你的师父是全公司公认的最优秀的员工，我相信她的培训方法也是最优秀的，希望你可以早日达到她的期待。"为了照顾崔敏的面子，老板最终收下了她的礼物，但崔敏下个月会得到双份工资。

很快，新员工实习期满开始陆续转正。由于"徒弟"和"师父"失去利益关联，甚至出现了矛盾冲突，很多师父一下切断了徒弟的优质客户，这也让很多徒弟一下抓了瞎。但崔敏却并没有这样的困扰，因为她本来面对的就是一些劣质客户。在这种情况下，崔敏很快在新一批员工中脱颖而出，并且因为工作业绩突出而得到了最高的薪资待遇。

众所周知，我们要想在工作中得到高薪资，就需要和老板搞好关系。但是有些人却往往知其然而不知其所以然，他们不明白和老板搞好关系最好的办法，就是为企业创造更多的经济效益，从而想出很多旁门左道的招数，最终难免害人害已。在此我们必须谨记，经济效益是企业的生存之本，而工作业绩就是我们的发展之道，我们也只有为企业创造了非凡的业绩，才能享受到企业的高薪资待遇。因此，只要我们能够完成高额业绩，即使存在一些沟通技巧上的不足，导致未能和老板搞好关系，也总比那些只会耍嘴皮子功夫的员工更让领导青睐。

在很多人看来，中国是一个讲求人际关系的社会，因此只要和老板搞好关系，就可以得到企业的高薪资待遇。然而，企业是要盈利的，任何关系到了利益面前能否靠得住，都需要打一个问号。所谓商场如战场，即使我们真的能够和老板建立不错的私人关系，关键时刻，当老板的利益和人情发生冲突时，我们恐怕也只能面临被"大义灭亲"的下场。而那些工作能力卓越、工作业绩突出的员工，则越是在危难时刻，越是会受到老板的倚重，薪资待遇自然也是无人能及。

所以，薪资永远会与员工的价值挂钩，当老板为我们提高薪资时，一定是因为我们的工作价值首先提高了。相反，如果我们不能提高自己的工作业绩，无法为企业创造更高的经济价值，那么即使老板想为我们提高薪资待遇，恐怕也是无能为力。因此，我们必须建立科学的薪资观念，尽量把自己当成一件商品来经营，如此，当我们想要把自己“卖个好价钱”的时候，就可以首先估算一下自己的市场价值了。

3. 恪守“保密制度”，维护公司薪酬体系

对于每一家企业来说，总会有一些制度是保密的，这样做的目的既是保护企业利益，同时也是为了避免给员工利益带来负面影响。当前我国社会的企业管理制度，虽然越来越多的员工都在呼吁透明化，但是出于对实际情况的考量，更多的企业还是会选择实行保密制度，尤其是对于员工的薪酬发放，基本上都会采用“背靠背”的形式。从根本上来讲，企业之所以采用保密制度发放薪酬，就是为了从根本上规避工资待遇的公平性问题，以期最大限度减少员工和企业，以及员工和员工之间的矛盾冲突。

事实上，我们综观各类企业管理制度，几乎没有哪项能够绝对保证公平。我们在建设一个制度的时候，对于某些人的公平往往要建立在对另外一些人的不公基础上。比如我们为了吸引留住那些优秀人才，必定要对他们实施一些特殊政策，相应的福利待遇也会比较好。如果说这种做法对那些普通员工不公平的话，那么如果实行统一酬劳，对于那些优秀人才又是否公平呢？何况，如果所有人的薪酬待遇都一样，那岂不是又回到了“吃大锅饭”的年代，那么公司的效率必然失去保障，发展和进步也将无从谈起，最终还将危害到每一名员工的切身利益。

因此，我们应该建立这样的思想认识，即企业在制定各项制度时，一定有企业自身的考虑，而且企业考虑问题一定比员工更加全面和深入。所以作为一名员工，一旦企业制定了相关规则，我们就必须严格遵守。很多公司为了严格保密员工工资，从而避免对公司运转产生负面影响，还会让员工在领取工资的时候签署一份保密协议，如果违反规定，最严重可能会被做出开除处理。即便如此，打听别人的工资还是会成为很多人不自觉的习惯，而我们为了避免"瓜田李下"的嫌疑，最好还是不要养成这种习惯。因为对于我们来说，与其去关心别人的薪酬待遇，还不如认真思考一下自己的薪酬待遇。如果我们能够建立科学合理的观点，还可以建立自己的努力方向和目标，并最终实现薪酬待遇的提高。

然而从长远角度来看，企业的薪酬制度还是应该透明化，因为只要运用得当，这样做完全可以保障利大于弊。相关内容如下：

(1)减少猜忌并完成激励。透明的薪酬制度可以让员工的职业发展之路一目了然，比如做出多少贡献或达到什么标准，就可以得到多少薪酬，有效避免了利益相关各方的猜疑和误会。而且，透明薪酬制度能够让员工不断关注更丰厚的薪酬待遇，从而达到相应的激励作用，使员工处于不断成长之中，并为企业创造越来越多的效益。

(2) 强化绩效工资的激励作用。目前，我国企业多数采用基本工资加绩效工资的模式，目的就是为了促进员工努力工作、全面成长，为企业创造更多的价值。但是如果公司实行保密制度，这一作用就基本消失了。

(3) 及时曝光并纠正错误。对于任何一家企业的薪酬制度来说，都不可能建设得万无一失，如果企业实行透明化薪酬制度，所有错误都将立即曝光在"太阳底下"，从而保障不公现象得到及时改正，而保密薪酬制度则无法做到这一点。

(4) 便于监督力量的建设。公司实行透明化薪酬制度，可以让所有人的薪酬都被明确列出来，这就可以让全体公司员工进行监督。如此一来，能够有效阻止那些利用职务之便谋求私利的人得逞阴谋。

(5) 满足员工的知情权。员工为企业工作，有权知道自己的薪酬待遇是否公平，但是如果连其他同事的薪酬待遇都不知道，也就无法将自己的薪酬和别人进行比较，也就无法判定自己的薪酬待遇是否公正。而这一点将直接导致的后果是，员工对于企业的认同感，以及自身的安全感都会大幅下降，职业发展也必定受到负面影响。

以上阐述了五点透明化薪酬制度的优势，那么对于企业运营来说，是否意味着所有企业都适用于透明化薪酬制度呢？答案当然是否定的。作为一种企业管理手段，透明化薪酬制度需要高超的操作技巧，并且需要强大的理论做基础，如果企业贸然实施，很可能会收到适得其反的效果。尤其是对于一些处于成长阶段的公司，透明化薪酬制度的建立必须循序渐进，并且需要用保密性薪酬制度来完成过渡。因此，保密性薪酬制度也具有一些不可替代的优势，我们同样要进行全面和深入的了解。其具体内容如下：

(1) 便于处理较为复杂的薪酬构成。对于很多企业来说，薪酬的组成过于复杂，比如不同地区的消费水平、消费人群、消费重点和销售投入等因素，都会对员工的最终业绩产生影响，如果没有一个科学合理的评估标准，往往无法判断出不同地区的员工谁的业绩更大。

(2) 便于透明化薪酬制度的建立。对于一家成熟的企业来说，当然希望能够建立科学合理的薪酬制度，但是希望建立和切实建立是两个完全不同的概念。如果我们建立的透明化薪酬制度不够合理，那么贸然实施必定引起混乱，还不如继续实施保密性薪酬制度。因此，暂时实行保密性薪酬体制，可以有效避免不合理的透明化薪酬制度贸然出台，从而避免对企业运转造成负面影响。

(3) 保护员工隐私。很多人为了寻求公平，都在迫切希望公司将薪酬制度透明化，但是我们有没有想过，有些同事出于种种原因，并不愿意自己的薪酬被公之于众。即使是我们自己的薪酬，如果每月都按时被详细公布出来，会不会对自己的生活造成困扰，这些都需要我们进行深入思考。在这个工资像女人年龄一样讳莫如深的时代，对于什么样的薪酬制度更适合自己，我们必须要进行更加长远的考虑。

(4) 规避企业恶性竞争。这里所指的竞争，主要是指企业间对于优秀人才的抢夺。对于很多公司来说，建立优秀的企业团队都被视为重中之重,但是所谓“千军易得,一将难求”,真正能够独当一面的优秀员工其实并不多。为此,如果我们轻易将员工的薪酬待遇公布出来,那么即使仅在公司内部公布,也会非常容易被其他公司侦知。这样一来,对方在挖掘一些优秀员工的时候,就可以轻松开出明确的价码了。

(5) 避免薪酬差距较大员工之间的矛盾。在一家企业中,不同的员工必定会得到不同的薪酬待遇,如果企业薪酬公开,就必须致力于缩小员工间的薪酬差距,以此来减少矛盾。但实际上,这种做法对于公司长远发展并不一定有益,因为这样做固然可以平息基层员工的不满,但对于管理层员工来说,却是一种不公。尤其是对于一些员工薪酬注定差距较大的公司,为了避免不必要的矛盾和麻烦,实行保密性薪酬制度将是必要和必然的。

因此,对于每一家企业的薪酬制度建设来说,适度地保密不一定不好,盲目地公开也不一定就好,具体尺度实际上很难把握,也就不用说按照员工的意愿发生转变了。因此,虽然薪酬制度的总体发展趋势还是会走向透明化,但是企业究竟做到哪一步,最终还是要根据实际情况统一安排。我们作为一名普通的企业员工,首先需要做的事情,就是要严格遵守并全面维护相关薪酬制度。

4. 读懂企业“双薪”的奥秘

虽然我国社会经济发展起步较晚,但是自从和世界经济接轨以来,相关发展还是非常迅猛的,其中最显著的一点,同时也是我们最关注的一点,就是员工福利待遇的提高。当前,很多企业为了促进员工对公司的认同感,避免出现大的员工流动潮,都会在员工福利上花费大力气,年底双薪对于员工来说,就是一项很有吸引力的福利。我们都知道,因为春节对于中国人的特殊意义,年底是很多企业员工选择跳槽的频发期。通常来讲,没有人会跳到一个薪资待遇更差的公司,因此跳槽对于员工来说也是很有诱惑力的。在这种情况下,企业制定年底的“双薪”制度,实际上就是将发给员工的福利集中到了年底,从而对员工跳槽起到一定的制约作用。

目前来讲,我国主要实行了两种双薪制度:一种是 13 月双薪制度(12＋1),就是每年最后一个月或第 12 个月向员工发放双份薪酬,但前提是员工已经在企业工作满一年时间。然而随着这种方法的普及,以及我国社会经济的快速发展,一种更大幅度的“双薪制”开始实行,即 14 月双薪制度(12＋2),就是每年最后两个月或第 11、12 两个月向员工发放双份薪酬,当然前提也是员工在企业工作满一年。

由此我们可以看出,企业为了防止员工年终跳槽,可谓是下了大工夫。因此,作为一名企业员工,尽量不要在年终选择跳槽,一方面可以得到企业的欢心,一方面也有利于我们的个人经济收益。而且对每一名员工来说,最重要的并不是工作本身,而是我们的工作思路,如果我们的工作思路没有调整好,那么跳槽也只是徒增烦恼。何况对于一名员工来说,频繁跳槽对于其职业发展也是非常不利的,尤其是在面试新工作时会为自己加大难度。对此,我们应该谨记,换工作不如换思路,只有正确的思路才能助我们职业腾飞,否则即使通过跳槽一时提高了薪酬待遇,我们的工作能力和价值也难有质的飞跃。

除了以上两种双薪制度外,还有一些特殊企业会实行“多月双薪制”,其中主要以那些盈利比较丰厚的公司为主。比如国际著名处理器制造商英特尔,其员工每年普遍可以拿到 16 个月的薪酬;还有美国朗讯科技公司(现已与法国阿尔法特公司合并),其员工每年可以拿到 18 个月的薪酬;再有就是我国上海大众汽车有限公司,其员工每年可以拿到 27 个月的薪酬。而多薪制之所以如此受欢迎,主要在于它的弹性空间比较大,因为它是完全由企业自行决定的,国家以及各类社会组织无权干涉。换句话说,只要通过公司决议,员工的双薪制度就可以随时调整。

柯艳红在2011年进入包头市红星纺织厂工作,由于迟迟不能融入企业的文化,她一直想着跳槽去别家企业工作。但是由于自己刚刚参加工作,很多工作内容都还不熟悉,柯艳红便把这个念头强压了下来。

然而,工作中很多不顺心的事情接二连三地发生,这也让柯艳红越来越不堪重负。由于刚刚进入职场,柯艳红所负责的工作都是比较初级的,在最开始的时候她还能够因为新鲜劲儿勉强接受,但是随着时间的推移,她已经完全厌倦了这些简单枯燥的工作,可是领导却丝毫没有为她调动工作的意思。此外,由于柯艳红性格比较要强,当她面对那些文化水平比自己低很多的领导时,很少向她们请教问题,遇到困难基本都是自己解决。

2012年年初,公司实施薪资制度改革,原本固定不变的工资体制,改为由基本工资和绩效工资两部分组成。虽然这项制度大幅提高了企业产能,同时也让大部分职工的收入提高不少,但是对于已是勉励坚持的柯艳红却雪上加霜,这也让柯艳红的薪酬排名最终垫了底。

薪酬垫底给柯艳红带来的并非经济问题,因为公司实施薪酬制度改革后,她的收入实际上也增加了,只不过增幅比其他同事要少一些。困扰她最严重的问题是同事们对她的非议,在薪酬排名之后,因为始终处在垫底位置,很多同事看她的眼神都是异样的,柯艳红也更加明显地被排斥在了集体之外。2012年冬,一场重感冒成了压在柯艳红身上的"最后一根稻草",虽然她最初只是想请病假,但最终还是向公司递交了辞职信。

而这个时候,柯艳红距离自己拿到年终的双薪奖励,只有仅仅2周时间。

对于任何一家成熟的企业来说,各项规章都必须照顾大多数员工,绝不可能因为某个人的特殊情况而发生制度性的改变,哪怕这个人的能力再怎么突出。所以,我们作为一名企业员工,如果在工作中遇到了不顺心的事情，则必须想办法去适应，而不是任由事情向坏的方向持续发展。否则，不要说拿不到企业的年终奖励，即使正常的工作薪酬都可能拿不到。而且很多企业的薪酬是根据员工的表现而定的，比如某个员工一年最高月份工资是 6000 元，那么他的年终工资就是 12000 元；如果他一年最高月份工资仅有 3000 元，那么他的年终工资就只有 6000 元了。

此外，“封红包”也是企业向员工发放奖励和福利的常见手段，而且这种手段的弹性空间更大。几乎完全按照老板的个人意愿进行决定。但是好处在于此，不足之处也在于此，由于未能形成统一的规章制度，老板个人的喜恶，很可能会成为奖金发放多少，甚至发放与否的决定因素。这便很容易牵扯到一个颇为敏感的企业管理问题，那就是员工之间的公平性认识，一旦员工对老板的诚信失去信心，那么所有奖励和福利的正面作用都将荡然无存。而且由于员工之间、员工与企业之间，都存在着天然的利益矛盾，员工对老板的诚信失去信心，几乎会成为板上钉钉的事情。

最后需要强调的一点是，虽然年底双薪属于一笔“意外之财”，但是只要在我们入职时和企业做好了相关约定，并且明确落实到了劳动合同上，企业就有责任在约定期限向我们支付双薪，否则我们同样可以拿起法律武器维护自身的合法权益。所以，我们必须在签订劳动合同时擦亮眼睛，将相关规定看清记牢，避免给那些不负责任的黑心企业以可乘之机。比如双薪制度还需要细分为 12 月双薪和年底双薪，就是工作第 12 个月发放双薪和入职当年年底发放双薪，如果我们不加注意，很可能就会被一些企业钻了空子，从而损失自己的应得权益。

5.重视劳动合同,为自己的合法权益保驾护航

员工参与企业工作,是一种和企业达成合作共赢的行为,我们和企业之间存在着相互的责任和义务。因此,劳资双方的关系也必须是平等的,任何一方都不具有单方面的权利和义务,否则就会出现问题。然而由于职场环境的风云变幻,这种诚信和默契谁也不能保障可以得到贯彻落实,这就需要我们和企业签订一份劳动合同,从而使双方的权利和义务具有法律效力。这不仅可以有效扼制那些不负责任的企业或员工做出侵犯对方权益的行为,还可以在矛盾甚至冲突发生时,使被侵害一方得到最大限度的权益保障,同时使侵犯者受到应有的法律制裁。而企业员工作为弱势一方,更应该加强对劳动合同的关注,以此来保证自身的合法权益。

重视劳动合同,并不仅限于重视劳动合同本身,而是应该在劳动合同签订前,就要制定周密的相关计划。首先,我们应该根据自己的能力划定薪酬期望值,换句话说,我们要知道自己的价值所在和价值多少。这样一来,我们就能有效避免在劳资谈判时出现盲目行为,如果薪酬过低,工作虽然很容易找到,但权益会受到损害。相反,如果我们对薪酬的要求过高,以至于无法产生与薪酬对等的工作价值,就会不太容易得到工作机会。其次,我们在进行薪酬商定的时候,最好不要主动报出自己的心理期望值,尤其是在用人单位主动要求我们诉说的情况下,从而保障自己的主动权;最后,要了解基本的法律常识,比如我们对于合同文本有 7 天的审阅权力,也就是说,当我们面试成功后,可以在劳动合同签订 7 天前,要求公司提供合同文本供自己审阅。

此外,我们还要对合同的附加条款格外留意。通常情况下,企业为员工提供的合同文本是需要国家相关部门进行审议的,但是为了防止特殊情况,相关部门也会为企业留出一定的自主权,也就是合同的附加条款。

但正是因为有了这一点规定，很多不负责任的企业便大做文章，总是想尽办法来侵犯属于员工的合法权益。因此，即使出于种种原因，我们未能对合同主体内容进行认真审阅，也要保证对附加条款的绝对了解。

齐鲁鹏在2012年到济南市宏昌贸易公司应聘，经过数轮复杂的面试，他最终得到了这份工作机会。

在签订劳动合同时，公司的人事负责人告诉齐鲁鹏，在他入职之后，会有3个月的试用期，薪酬为每月2000元，3个月之后转正，薪酬提升到3000元。如果3个月试用期过后，齐鲁鹏的工作能力未能达到公司要求，公司将与其解除劳动合同。齐鲁鹏看过书面协议后，确定和人事负责人表述一致，便在劳动合同上签了字。

然而到了3个月后，这位负责人却告诉齐鲁鹏，他的工作表现不能让公司满意。如果他想继续留下工作，需要将试用期延长一个月，否则只能为他办理离职。本来，齐鲁鹏已经准备离职，但是他发现几乎所有新入职的同事都面临着和他相同的境遇，头脑灵活的齐鲁鹏立即意识到自己的合法权益受到了侵害。为了确定公司的行为属于违法范畴，齐鲁鹏还到律师事务所寻求了法律援助，并最终验证了自己的想法。

按照我国《劳动合同法》相关内容判定，齐鲁鹏发现自己与公司签订的这份合同存在多处不合法现象。首先，试用期应该包含在整个劳动合同之内，试用期满后，公司既无权力延长试用期，更无权力解除劳动合同；其次，试用期薪酬不得低于公司同等岗位标准薪酬的80%，并且不能低于济南市最低工资标准，总之具体的数额不能由公司来敲定；最后，公司违反了相关法律规定，应该向齐鲁鹏支付违约金，很显然这家公司并没有这样做。

了解到了这些情况，齐鲁鹏随即向公司提出赔偿要求，否则只能将对方告上法庭。公司见齐鲁鹏是“有备而来”，虽然表面上并不承认违反国家相关规定，私下里还是如数对齐鲁鹏做出了赔偿。公司其他新入职的员工得知此事，也都跃跃欲试，公司只得立即为他们办理了正式入职手续，但还是有一些员工已经对公司失去信任，最终选择了和齐鲁鹏相同的道路。

事实上，劳动合同涉及的范畴还有很多，一旦签署，会涉及方方面面的劳动权益。有些企业会和员工签订管理培训生协议，那么企业对于员工应负的责任就更多、更重了，如果企业是不负责任的，就会穷尽一切办法侵犯员工的权益。在这种情况下，一旦我们与公司签订劳动合同，最终造成的损失很可能是自己无法承受的。对此，我们必须全面深入地了解劳动合同，不仅要对基本的薪酬、福利和保险了然于胸，还要对企业的培训保障、升职规定和发展计划等方面多加重视，从而确保自己的合法权益不受侵害。

与此同时，并非签订了合法有效的劳动合同，我们就可以高枕无忧了，如果相关善后工作没有完成，也会遗患无穷。首先，劳动合同需要至少一式两份，必须都是原文，并且最好一式三份，除了企业和员工各执一份外，还可以留出一份给当地劳动部门；其次，审查无误后，要当面签字盖章，如果合同有改动内容，改动处也需要盖章；最后，涉及薪酬数字的信息必须用大写，防止后续涂改等不法行为的发生。总之，为了维护自身的合法权益，我们对劳动合同的各项内容必须细致入微地审查，避免不法公司有任何可乘之机，切实维护自身的合法权益。

最后，如果我们对公司的薪酬不是很满意，必须在合同签订前进行争取，如果在劳动合同签订后争取，不仅难以切实达成，还会给公司造成不良印象。当然，我们在争取自己的薪酬待遇时，也要对整个市场和该公司的薪酬待遇有所了解，避免提出脱离实际的薪酬要求。而且争取过程中，我们也要注意给自己留出回旋余地，不要把话说死。比如“我对自己的工作能力还是比较有信心的，所以相关的福利我也希望能够提一点小小的要求”。即使最终不能得到企业的同意，我们也可以在此留下“伏笔”，便于日后完成相关工作表现后，主动向老板提出升职加薪的要求。

6. 提高理性认识,规避高薪陷阱

职场生活中,所有人都希望自己的薪酬能够丰厚一点,因此当我们面对一些企业的高薪诱惑时,很多人都会失去理性判断。一些不负责任的黑心企业,正是抓住了这一点,从而向我们抛出了高薪诱饵,继而侵犯我们的合法权益。事实上,我们每个人的薪酬多少,都要根据自己的实际工作能力而定。当我们想要提高自己的薪酬待遇时,首先应该想到的是提高自身的工作能力,而不是凭空想象着自己应该得到多少薪酬。对此,我们必须对自己的工作能力有一个科学合理的认识,如果在面试过程中对方开出的薪酬过高,我们不但不能盲目乐观,反而应该提高警惕,避免上当受骗。

面对薪资待遇,我们必须要找准自己的职业定位。首先应该认清自己面临的高薪职位是否符合自身职业规划,以及是否属于自己的兴趣爱好,并且是不是自己的强项(包括学习专业和工作实践经验等)。如果高薪职位与这些重要因素不符,那么即使我们能够得到这个职位,也无法长久做下去。当我们的兴趣耗尽、能力用完,并且开始回想自己的人生职业规划时,很可能还要放弃这份工作,从而导致时间和精力的严重浪费。

其次,我们要审视一下公司的企业文化,如果觉得自己无法接受,那么最好不要谋求该公司的高薪职务。现代职场中,确实有一些公司能够提供丰厚的薪酬待遇,但是这些公司的做法却让人无法接受,有些行为甚至是“见不得光”的。事实上,这些企业的行为,本身也注定了他们无法长久立足于市场竞争,即使我们得到了相关职位,对于我们的长远职业发展也不会有帮助。而且就算企业的行为完全合理合法,只要企业文化与我们的个人观点不符,从长远角度来看,也不利于我们取得职业进步。

最后,我们要对一些具有风险的高薪工作认识充分。有些企业虽然能够在短期内提供高薪职位，但是很可能不久之后便无法提供了，因为这些公司的收入本来就存在大幅波动。比如我们所熟知的金融投资行业，其收益和股市等收益密切挂钩，几秒钟的时间就可以使公司收益发生翻天覆地的变化，从而影响到员工的收益。如果我们的实际情况不能承受类似风险，也要避免从事此类高薪工作。因此，我们必须对自己的薪酬期待有一个科学理性的认识，并且最好在事前进行全面、长远的规划，从而保障自己的薪酬待遇能够有一个持续、健康、稳定的发展。

陈庆海是吉林省长春市102中学的一名教师，工作20余年来，他一直踏踏实实、认真负责，得到了学校领导和学生家长的一致好评。但是在陈庆海的内心当中，其实还埋藏着一个财富梦，只不过他从未和别人提起过。

2012年夏，在自己的女儿大学毕业参加工作后，陈庆海终于放下了所有的生活重担，起身到上海做了一个淘金者。然而，离开自己熟悉的岗位，来到一个完全陌生的地方，陈庆海愕然发现自己其实身无长技。为了尽快落住脚，陈庆海走进了一个大型招聘会场，希望能够找到一份满意的工作。

让陈庆海感到幸运的是，他一走进招聘现场，就看到一家高薪招聘的企业。按照这家企业招聘负责人的说法，入职之后的员工可以达到月薪8000元。陈庆海怀着犹豫的心思上前询问，结果招聘人员向他解释说，8000元的月薪的确没问题，但是需要付出辛苦的劳动。陈庆海心想自己最大的优点就是吃苦耐劳，于是最终申请并得到了这家公司的高薪职位。

然而当陈庆海进入这家公司之后才知道，自己需要负责的是一个销售岗位，每月的基本薪酬只有2000元，其余承诺部分必须要靠销售提成来完成。当陈庆海进一步了解之后才知道，所谓月薪8000元，是去年全公司最优秀的销售人员业绩最好月份的薪酬数额，至于公司大部分的销售员工，平均每月只有3000元左右的收入。

不过因为已经签订劳动合同，陈庆海也只能“既来之，则安之”，希望可以通过自己的努力多赚一些钱。不过，陈庆海想问题还是太简单了，由于客户资源统一掌握在公司领导手里，基本上都是一些美丽帅气的年轻员工得到优质客户，像陈庆海这样的普通员工，则只能去开发一些劣质客户。随后，尽管陈庆海工作非常努力，但每月的薪酬还是从未超过 3000 元，而此时的他也只有苦熬到劳动合同结束了。

现代职场中，尤其是一些初入社会的员工，总会有这样不成熟的想法，认为只要工资高，就一定是好工作。因此，他们在面对高薪工作时，基本只会关心自己会不会被录用，而不会考虑其他事情。当自己确实被录用之后，甚至还会暗自庆幸一番，觉得自己“捡到了便宜”。然而，只有那些见识了职场“险恶”的人才知道，所谓“高工资就是好工作”的时代早已成为历史。如果我们在找工作时不能擦亮双眼，很可能会落入一些黑心企业的高薪陷阱，从而损害自身的合法权益。

还有一些高薪职位看起来风光，其实工作压力极大，并不是每个员工都能胜任的。仍然以销售工作来说，其薪酬构成几乎都是基本工资加销售提成，如果想要拿到高薪酬，必须完成公司规定的销售任务。但是一些公司为了提高盈利，往往会把销售任务定得很高，员工虽然付出了极大努力，也完成了大部分销售任务，可就是因为不能达到企业规定，而最终只能领到基本工资。从长远角度来讲，这类工作也是不利于我们职业发展的，毕竟没有人可以长期在超高压环境下工作。

再有一些企业会要求员工长期加班，然后以支付加班费的形式兑现高薪承诺。现代职场中，难免有一些企业需要大量劳动力，这些公司为了抢夺工作进度，只能每天 24 小时不间断地要求员工进行劳动。但是这样需要雇用至少三批工人，按照每人每天 200 元计算，这类公司每天就需要向一个工作岗位支付 600 元酬劳。在这种情况下，有些公司为了节省雇用费用，就会在一天内只雇用两批工人，然后承诺给他们高于市场平均值的薪酬。如此一来，按照每人每天 250 元的薪酬来计算，这类公司每天就只需要向每个工作岗位支付 500 元薪酬。然而，这样的做法虽然为公司节省了开支，但是员工的劳动强度和工作压力却大幅加剧了，最明显的表现就是需要员工长期加班。

最后，我们在寻找工作的时候，一定要提高理性思维，尤其是对于一些法律意识比较淡薄的劳动者，往往会被一些黑心企业所集中坑害，从而造成群体性的权益受损。所以，为了能够维护自身的合法权益，保障自己的职业之路健康、快速发展，我们一定要在寻找工作的时候提高警惕，绝不能让那些黑心企业的高薪陷阱得逞，从而使自己的合法权益得到充分保障。

第五章

保险福利:依法享有保险福利,实现员工与企业的"双赢"

保险福利是企业以非现金形式为员工缴纳的一种保障性费用,除了大部分由公司来支付以外,员工也需要自行缴纳一小部分。作为我国保险制度的重要组成部分,保险福利早已被职场人士所熟知,很多人在找工作的时候,都会以公司保险福利是否健全为参考标准。实际上,保险不仅为员工提供各项基本生存保障,一旦发生意外情况,也可以帮助企业有效分担压力,是一项可以让企业和员工双重受益的科学制度。

1.

依法享有保险福利，是企业员工应有的权利

在我国，基本的保险福利是由国家法律明文规定的，具有强制性效力。如果企业连最基本的“五险一金”都没有为员工缴纳，那么这种行为就已经涉嫌触犯了国家法律。我们作为企业员工，完全可以到劳动部门进行反映，如果公司仍然拒绝负责，我们还需要拿起法律的武器维护自身权益。

实际上，在当前我国社会，凡是正规的公司和企业都会为员工缴纳“五险一金”。如果我们的公司没有做到这一点，那么其正规性甚至合法性，都可能存在问题，我们最好不要与其签署劳动合同。而且这还不仅仅是保险福利的问题，一家公司如果连保险福利都没有，那么在其他各方面都将难有保障。

我国《劳动法》相关内容规定：“劳动者有享受社会保险福利的权利，用人单位必须为劳动者缴纳，否则视为违法行为，情节严重者可以吊销其营业执照。”此外，法律还划定了劳动保障监察部门，对企业的相关违规行为进行督导，并给出了一定的处罚权限。而我们作为一名企业员工，在与企业签订劳动合同之初，就应该严格遵守国家的法律规定，而且这不仅是一种文明守法的表现，同时也是对自身权利的合理维护。

与此同时，保险费用需要员工自行支付一小部分，如果我们拒绝支付，按照法律规定，将被视为自动放弃保险福利。在职场生活中，很多不负责任的企业正是抓住了这一点，在员工毫不知情的情况下，没有为其缴纳保险费用。更有甚者，要求员工自行支付保险费用的大部分，以此来迫使企业员工放弃保险福利。对此，我们必须提高警惕，保险福利是国家赋予我们的权力，如果企业不能依法办事，我们就必须积极行使自己的监督权，从而维护自身的合法权益。

而对于企业相关保险福利问题的监督，我们还应该建立这样的科学认识，即我们的监督并不是单纯地为了自身利益，而且也是在促进企业建设的合理与合法化。如果企业未能按法律规定给我们提供保险福利，那么首先国家相关部门会定期监察，一经发现，必将对企业做出相应的处罚。其次，我们谁都无法保障自己不出现意外状况，而且很多工作本身就具有一定的危险性，如果没有保险的保障，一旦发生意外，企业和员工都只能独力承担责任。

王春喜在2012年春节之后到深圳一家泡沫厂打工，在签订劳动合同时，泡沫厂不但没有为他上保险，而且还收了他2300元的工作押金。由于相关法律意识淡薄，王春喜并没有觉得有什么不对劲，于是便开始了新一年的打工生涯。

3月底，天气逐渐转暖，王春喜和工友相约去郊外爬山，结果不慎从山坡上滚下，造成全身多处骨折。因为刚刚开始打工，还没有积攒下足够看病的钱，王春喜只得向泡沫厂求助。但是让他没有想到的是，泡沫厂不但以非工伤为由拒绝帮助，而且与他解除了劳动合同，甚至连当初的押金也只退还了2000元，扣下的300元据称是对王春喜的处罚。

王春喜对此也无可奈何，本来只想着回老家去养病，但是在无意之间，他忽然看到了一档法制节目。在报道中，里面的农民工遭遇和王春喜如出一辙，他这才意识到了自己的合法权益被公司侵害。在继续交涉无果的情况下，他只得将泡沫厂告上法庭，要求支付自己的治疗费用，并退还自己的押金。

法院对此案予以了高度关注，在经过了一系列的取证调查工作之后，最终认定了王春喜的诉求合理合法，要求泡沫厂满足王春喜的要求。泡沫厂知道官司打起来必输无疑，只得向王春喜寻求庭下和解，答应满足他的条件。王春喜也无意为难泡沫厂，在自己的条件得到满足后，最终与泡沫厂签订了和解协议。

而在此之后，王春喜再与用人单位签署劳动合同时，便学会了运用法律武器维护自己的合法权益。其中，最重要的一点就是对保险福利的关注，如果公司未提供这项福利，他是绝不会在这家公司打工的。

当前，“依法治国”已经成为我国社会发展进步的大方向，作为一名企业员工，我们对相关自身权利的法律也要多加关注。如此才能避免被那些不负责的企业所蒙蔽，甚至直到自己的合法权益遭到了侵害，却还一无所知。此外，那些将不法行为强加给员工的企业，我们也应该坚决予以抵制，切不可因为害怕丢掉工作而妥协退让，那样只能让自己陷入任人宰割的境地。

而对于一家企业来说，如果想要取得长远的发展，为员工提供保险福利无疑是首要的工作。毕竟，每个员工都有可能生病和受伤，当企业为其提供保险福利后，不仅可以在意外发生时尽可能降低经济损失，还可以为员工免去后顾之忧，从而使他们全身心地投入到工作中，然后才能为公司创造越来越多的经济效益。不过就目前来说，我国保险制度的建设还不够完善，这就需要企业和员工必须共同努力，从而营造一个和谐稳定的公司内部环境。至于保险问题相关的一些注意事项，我们可以具体参考以下几点内容：

(1) 平等自愿。企业有企业的打算，员工也有员工的打算，因此就会造成一些保险项目的重合。如果公司强行为员工办理一些附加险，不仅不会得到员工的感谢，还可能会使员工产生抵触情绪，尤其是对于那些需要员工部分支付保险费用的项目。

(2) 针对实际。不同的工作，其存在的风险也会有所不同，这就要求公司在为员工办理保险时，必须具有一定的针对性。除了基本的“五险一金”，其他保险都要充分进行考量，避免造成不必要的资金浪费和保险效果不佳。

(3) 分级福利。公司对于不同的员工,包括不同的职位、不同的贡献、不同的成绩等,都要有不同的福利奖赏,以此来树立工作典型,激励所有员工努力工作,为企业不断创造更多、更高价值。

(4) 带薪休假。对于很多成熟的企业来说,这已经是习以为常的事情。在我国,主要的长假期都集中在春节和国庆,从而造成这个时间段内的各类社会资源紧缺,最终导致人们在休假的时候困难重重。面对这种情况,如果公司根据自身的情况制定休假时间,或者干脆让员工自行决定,只要不耽误正常的工作,都是非常有益的做法。

2. 恪守公平原则,自己不吃亏企业也别受损

自古以来,商业领域便存在着“店大欺客”与“客大欺店”的矛盾,两种情况无疑都会使对方的利益蒙受损失。现实职场生活中,没有谁可以长期占据优势,这就要求当下占据优势的一方要把目光放长远,不要仗势欺人,如此才能保证自己在失势的时候也不至于被人所欺。比如对于一家企业而言,如果平时对待员工冷酷无情,那么整个公司就会离心离德,当企业遇到困难的时候,员工会立即作鸟兽散;而如果公司平时对待员工能够仁至义尽,那么公司上下就会精诚团结,当企业遭遇困难的时候,反而会增加员工的凝聚力。

对于一名员工来说,不论我们是卓越的还是平庸的,都应该把自己当成集体中的一员来经营。既不能因为自己的能力突出,而把所有人都不放在眼里,也不能因为能力平庸,而自暴自弃,甚至不负责任。总而言之,我们要维护自己的合法权益,但是当企业为我们提供了相关的福利之后,也应该感恩企业,并且用实际的工作表现来感谢企业。切不可得寸进尺,认为企业为我们提供福利是理所应当的，如果那样，只能让我们的职业发展不断遭遇困境。

改革开放之后，尤其是我国经济与世界经济逐渐接轨之后，合作共赢已经成为现代企业的重要发展理念之一。因此，无论是对于企业还是对于员工来说，都应该在谋求自身发展的同时，充分考量对方的利益。而不是只顾自身利益，甚至将自身利益的获得建立在对方利益的损失上，何况这种做法最终也会让自己的利益受损失。只有认识到了这些，我们才能最终完成和企业的共同发展，并且与企业一起，得到越来越多的实惠。

阿里巴巴公司对于员工的福利建设在我国堪称模范。为了保障员工对公司的绝对认可，该公司为员工设置了30亿元的置业基金和5亿元的教育基金，从而帮助公司员工解决购房问题和子女教育问题。

自2008年以来，我国物价飞涨，货币贬值严重。阿里巴巴为了保障公司员工的基本生存需求，不仅全面改革员工的工资制度，不同程度提升员工的劳动报酬，而且还直接发放了高达4000万元的物价补贴，并且优先照顾那些教育支出较大的员工。这不禁让阿里巴巴的员工大为感动，并且走出公司大门之后，他们也以身为阿里巴巴人而感到自豪。

2012年9月1日，阿里巴巴第一批“iHome”置业基金开始正式发放，其具体发放形式为无息贷款。内容规定，凡是在阿里巴巴工作满两年的大陆员工，都可以领取20万元的首套房(包括全家人在内)免息购置贷款；如果是在阿里巴巴工作满三年的大陆员工，还可以将申请贷款的限额提高到30万元。

与此同时，阿里巴巴和杭州多所幼儿园以及小学合作，出资5亿元为合作方改善和购置基础硬件设施，大幅优化了他们的教学环境。当然，在为杭州市大力加强了教育资源之后，阿里巴巴公司也为员工的子女教育问题打开了方便之门。按照公司规定，凡是在阿里巴巴供职的大陆员工，其子女都可以享受到与杭州市民相同的教育服务。

如此一来，阿里巴巴的员工基本实现了家庭有居所、孩子有教育，完全免去了工作的后顾之忧。在刚刚过去的2012年“国庆电商大战”中，阿里巴巴公司以异军突起之势狂揽半壁江山，除了其市场宣传部门的得力之外，全体员工的共同努力同样功不可没。而阿里巴巴的员工之所以能够如此卖命地工作，而不是像很多企业员工那样瞻前顾后，当然在很大程度上要依赖于公司为他们提供的高福利。

事实上，除了阿里巴巴之外，如腾讯的“安居计划”、网易的“调薪计划”等，都是对员工保险福利的切实关注。在相关计划的作用下，这些公司的员工对于企业文化的认同也是显而易见的。在我们的职场生活中，也可以看到越来越多的企业开始关注和员工的共同利益，比如我们比较熟悉的股权分配，就是将公司市值平均分摊给每一名企业员工，从而使所有员工都能积极主动地去关注公司成长。对于这些员工，不仅自己不会做出损害公司利益的事情，即使看到别人有损害公司利益的行为，也会积极主动地去制止。

从长远角度来看，保险福利的贯彻落实，对于企业和员工都是利大于弊的。比如对于企业来说，为员工提供保险福利，首先可以用少量的支出分散企业运营中的经济风险。对此我们应该清楚，企业与个人不同，即使安全工作落实得非常到位，也会不可避免地发生意外情况，这个时候就可以体现出保险的巨大作用。再者就是保险福利对于员工的安抚作用，因为每个人都需要得到一份安全感，对于企业员工来说，能否在企业工作中得到这份安全感，将直接决定他为企业创造的价值多少。

除此之外，保险福利也是企业激励员工，从而提高效率的利器。如果运用得当，不仅能够吸引并留住人才，还能够不断激发这些人才的潜在能力，从而使他们为企业贡献越来越多的价值。在此，企业应该把保险福利和员工的归属感联系在一起，甚至当成一种企业文化来经营和建设，以求最大限度地帮助企业发展进步。而对于每一名企业员工来说，也要积极投身公司的集体建设,虽然维护自身的合法权益无可厚非,但是绝不能以危害企业集体利益为代价。因为作为一名将自身利益“寄居”在企业利益上的员工来说,一旦企业利益受损,我们的个人利益也将难免受到威胁。所谓“皮之不存,毛将焉附?”说的就是这个道理。

所以,企业和员工都应该形成这样的共同认识,即“合作才是王道,共赢才是目的”。作为一名企业员工,如果我们想要取得和企业的共同发展,就必须在职场生活中坚决恪守公平原则:一方面,我们要做到切实维护自身的合法权益;另一方面,也绝不能侵害企业的既得利益。

3.

绝不纵容企业在保险福利上的“违规操作”

对于每一名企业员工来说,保险福利的积极作用都是不言而喻的,其中最主要的一点就是可以免去我们的后顾之忧。当前,我国社会的生存成本持续攀高,并且还会越来越高,作为一名普通的企业员工,我们的收入也只能应付一般性支出。一旦遇到特殊情况,如果没有保险的帮助,我们很可能就无法渡过难关。因此,我们对于公司保险福利必须给予高度关注,无论遇到什么情况,都不能允许公司剥夺我们的相关权益。

要做到坚决抵制公司对保险福利的违规操作,我们必须对保险福利有所了解。首先是医疗保险,只要持续缴满 3 个月,我们就可以凭发票按照规定比例报销;其次是社保,持续缴满 15 年后,到国家法定退休年龄就可以按月领取养老金;接下来是事业保险,持续缴满一年,失业后可以领取两年的救助金;再有是工伤保险,出现工伤时凭票报销;还有就是生育保险,可以报销相关的检查和生育费用;最后是住房公积金,购房时可以申请此专项房贷,首付和利息都可以相对降低。以上六项合称“五险一金”，除了“一金”之外，其余都是国家法律强制规定执行的。此外，由于需要员工缴纳其中的一小部分，对于我们来说，“五险一金”既是权利也是义务。

如此一来，我们就可以清楚地认识到，如果企业对我们的保险福利违规操作，对于我们来说既有损权益，又不合法。然而在我国现代职场中，很多企业员工对于保险福利的认识存在严重不足，尤其是那些刚刚进入职场的大学生。有调查数据显示，我国每年高校毕业的大学生，对于保险福利有具体了解并切实关注的人数，占总体比例不超过5%。在很多大学生看来，能够拿到理想的工资就可以了，至于保险福利则可有可无。还有一些大学生则认为自己还年轻，即使生病也仅需到药店拿点药，社保和医保都和自己关系不大。然而，作为一名企业员工，如果我们不了解相关保险福利，势必无法在职场生活中维护自己的合法权益。

高飞于2012年9月份大学毕业，现在天津市一家医疗机构供职。由于对相关保险事宜缺乏关注，直到工作一年之后，公司仍然没有给他上“五险一金”。

一次和同事闲聊，高飞无意中听到有人提及“五险一金”，从而开始关注自己的保险福利。在对相关法律法规进行了解之后，高飞才知道“五险一金”和自己的生活息息相关，为此他专门来到公司的人事部门，详细询问了自己的保险福利问题。但是人事部门却推说此事归后勤部门管，高飞为此又来到后勤部门，后勤部门则推说需要人事部门出示凭据。

如此一番周折，高飞终于失去耐性，他搬出国家的法律条款，质问公司相关负责人为什么没有按照规定办事。负责人见躲不过去，又找借口说，为某个人办理比较麻烦，要等到入职员工达到百人规模，公司才会集中办理相关事宜。

高飞知道这位负责人在推脱责任，立即警告他自己会去相关部门咨询，如果他说的话存在不实，自己会立即将此事付诸法律。负责人闻语慌了神儿，转而表示，既然高飞的要求如此强烈，他可以破例为其单独办理“五险一金”。高飞对此表示认同，并要求对方尽快办理，否则自己绝不会善罢甘休。

后来，虽然在高飞的一再催促下，公司最终为他提供了保险福利，但是却仅仅上了“五险”，“一金”却因为国家没有强制规定而未上。而且在其他很多方面，公司的相关保障工作也很不到位，至此，高飞终于对这家公司失望透顶。合同期满之后，尽管公司一再挽留，高飞还是果断选择离开了这家公司。

作为一家公司，如果连国家法律明确规定的保险福利都无法落实，那么这家公司在其他方面对员工的利益保障也就可想而知了。我们在职场生活中，必须提高自己的维权意识，一旦遇到不能贯彻落实保险福利的公司，要坚决与之交涉，并不惜拿起法律武器。如果对方仍然“死不悔改”，我们也只能果断地放弃这份工作。虽然在短期内可能会造成一定的经济损失，但是所谓“长痛不如短痛”，为了我们的长远利益考虑，还是必须要找一家正规的公司工作。

此外，我们对于保险福利的一些缴纳方法也要有所了解，至少要知道“五险一金”的缴纳方法，如此才能维护自身的合法权益。具体内容如下：

(1)养老保险。缴费过程中可以中断，只要累计缴纳满 15 年，在我们达到法定退休年龄之后，就可以按月领取养老金。具体数额全国各地不等，但总体原则是退休前一年的当地平均工资乘以 20%，日后的相关调整按国家规定执行。

(2) 失业保险。实际上这类保险和我们的关系不大，因为我们要想领取失业保险金，需要将身份从干部(大学毕业皆为干部，档案多半存在工作单位)转为工人，然后登记到街道。如果这样做，我们退休之后领取的养老金就会大幅缩水，可谓得不偿失。

(3) 医疗保险。必须持续缴纳，按照相关规定，断缴 3 个月就会失效。此外，办理医保通常会有一个专门的账户，投保者需终身使用，不因为供职企业的改变而发生变化。通常情况下，医疗费用超过 2000 元才能报销，并且是报销减去 2000 元的部分，报销比例全国各地不同，但大体幅度在20%～70%之间。

(4) 工伤保险。企业全额缴纳,只有在出现意外情况的时候,这项保险才和我们发生交集。必须注意的是,工伤保险的涵盖范围虽然包括上下班的路上,但是如果不幸出现意外情况,我们必须及时报警,由警察来做相关的处理和采证。

(5) 生育保险。企业全额缴纳。可以报销相关的生育费用,包括女性的带薪产假(不少于98天)和男性的陪护假期(7天左右)。

(6) 公积金。没有法律强制效力,但是成熟的企业都会为员工办理这项保险福利,通常由公司和员工共同缴纳相关费用。此外,公积金的缴纳需要公司为员工开设账户,如果员工到别家公司上班,需要办理交接手续。

只要我们了解了以上保险福利的相关规则,就可以有效避免企业对保险福利“违规操作”,从而维护自身的合法权益。

4. 加入工会,让工会保障你的权益

工会是企业和员工之间的第三方协调性组织,如果企业和员工之间发生利益冲突,工会通常可以在最大限度上保护员工的合法权益,而且这种保护行为是具有国家法律依据的,企业不能侵犯其权威性。我国最新公布的《工会法》相关内容规定:“中华总工会及其各工会组织,代表职工的利益,依法维护职工的合法权益。”由此我可以看出,工会的存在意义就是为了维护员工的合法利益,具体包括帮助协调、指导和法律援助等。在我国,工会还有一定的立法权,参与国家制定保障员工合法权益的法律法规,以期最大限度保障员工的合法权益。

此外，工会具有强大的凝聚力和向心力，因为工会是以员工为主要组织基础，因而能够把每一名员工的力量都集中起来，最终再反过头来对员工个人权益形成强大的保护。比如在美国的汽车制造业中，由于工会成员的强烈维权意识和大力配合行为，通过几次大型的罢工，工会为汽车行业的员工争取到了极大的权利，除了各项丰厚的福利之外，他们每小时可以直接得到 55 美元的酬劳。而在美国南部的日本汽车企业，由于工会力量孱弱，其员工每小时的酬劳只有 25 美元，各项福利待遇也都有大幅缩水。至于我国目前的员工待遇水平，以在美国和日本企业生产同类型汽车的员工为例，其每小时的酬劳只有 1.5 美元。

然而就是在这种情况下，一些黑心企业仍然在无所不用其极地侵犯劳动者的权益。比如单方面延长劳动时间、想尽各种办法克扣酬劳、减少各项福利待遇等。而当一家企业形成了无视员工权益的习惯后，如果员工没有及时抵制，企业的侵犯行为就会越来越变本加厉，员工的合法权益也将受到越来越严重的侵犯。如此一来，企业和员工之间的矛盾最终就会达到一种无法调和的程度，员工则只能做出各种过激的维权行为，导致企业的正常生产受到影响。而且对于这些零星的、个别的和短暂的维权行为，实际上对于员工的利益维护也难以起到真正作用。

为此，加入工会就成了我们维护自身合法权益的最佳选择。因为工会不仅具有强大的组织权威，还有充分的法律意识，如果企业拒不履行应负的责任，最终必将受到法律的严惩。

黑龙江是我国工会组织大省，尤其在农民工的维权事宜上做出了重大贡献。据最新统计数据显示，该省 45 万农民工中的 30 万人已经加入工会，覆盖率接近 3/4。

因此，在全国农民工权益受损问题日益严重的今天，黑龙江省的农民工却极少受到类似问题的困扰。除了国家规定的各项合法劳动权益，该省大部分农民工还可以享受和城市居民同等的社会保障，从而大幅提高了他们的生活质量。

而在黑龙江全省，哈尔滨一直是工会力量的楷模城市，同时也是全国劳动者权益维护最好的城市之一。在农民工大军刚刚形成之初，哈尔滨市就集中组织法律援助力量，为超过 20 万名农民工补签了劳动合同，从而使他们的合法权益及时得到了法律保障。更为重要的作用是，这些农民工因此形成了充分的维权意识，后来甚至在社会范围内掀起了农民工的维权运动，沉重打击了那些不法企业的失责行为。

为了积极响应国家号召，全面建设和谐社会，哈尔滨市还将农民工的权益保护纳入法律法规，并且授权工会组织法律力量，切实维护农民工的合法权益。截止到 2012 年年底，哈尔滨市总工会已经累计解决农民工和企业纠纷 3432 起，为农民工追讨工资超过 6000 万元，同时也有效保证了哈尔滨各大企业的合理合法发展。

此外，哈尔滨还在全市范围内建立了多家专为农民工服务的医疗机构，并且为农民工提供了医疗保险福利。如果农民工加入工会，并且在当地常住，可以凭借《会员证》和《暂住证》帮助子女就近入学，除了可以享受城市居民同等教育保障外，还能够申请专项的农民工子女助学基金。

事实上，工会是一个国家和社会文明进步的象征，在我国，工会的历史更是比共和国成立的时间还长。为此，当我们想要切实维护自身的合法权益时，加入工会就成了最佳途径之一。而且在我们加入工会的同时，也可以为工会的继续壮大贡献自己的一份力量，从而使更多的人建立维权意识，并且得到应有的帮助。当然，工会过于强大也会带来一定的负面作用。比如在美国，工会具有强大的活动能量，为员工争取到了过大的权益，从而也对企业发展造成了一些负面影响。但是从大局范围和长远发展角度来看，员工相对于企业来说还是绝对的弱势群体，我们作为一名企业员工，绝对有必要得到工会的支持和帮助。

为了更好地通过工会力量维护自身权益，我们也需要对工会具有的各类属性，尤其是其法律效力有所了解。具体内容如下：

(1) 工会属于企业和员工之外的第三方协调性组织。在我国,县级以上政府都会与工会代表、企业代表建立一个相互协调的三方机制,通俗地理解,工会是从政府高度为员工利益说话的组织力量。

(2) 参与相关劳动者权益的法律法规建设。我国《劳动法》及相关各项法律的建设发展,就有工会的力量并起着重要作用。对于一项法律的制定,通常需要关联利益各方的参与,而工会就是代表员工的利益。

(3) 帮助政府、企业和员工建立合理合法的劳动合同。工会是专门为员工维权的社会组织,但是这并不意味着它会侵犯企业利益,这就需要我们结合国家法律进行相关操作。而对于这些法律法规来说,政府、企业和员工是无法也无须去全面深入了解的,工会则恰好弥补了这一空当。如果单纯从这一点上来看,工会的权威是超过企业的,政府也需要着重参考工会的相关建议。

(4) 监督企业履行相关法律法规义务,帮助员工交涉、仲裁和诉讼违规企业。工会在我国具有严肃的法律效力,可以对企业行为进行监督,一旦发现企业有侵犯劳动者权益的行为,有权制止、警告和起诉,从而维护劳动者的合法权益,并严肃国家相关法律法规。

第六章

遵章守纪:遵守日常规章纪律是通往优秀的起点

对于每一个企业员工来说,融入集体和适应企业环境都是首要的职场修为,我们也只有真正做到了适应环境,才是真正意义上进入职场。这其中,最重要的一点就是遵守企业的各项规章制度,并且能够在此基础上了解公司和行业的内在运转规律,从而保障自己能够最终成为一名优秀的企业员工。事实上,遵守纪律不仅符合企业的利益,同时也是对我们自身利益的保障。

1.每一名优秀员工都要坚决遵守规章制度

工作之中,沟通无处不在。沟通能够帮助上司及时掌握员工的动态和工作的状况,也能让员工随时了解企业发展的情况。规章制度是维护企业正常运转的基本保障,同时也是企业文化的集中表现,一家公司在成立之时,通常都会有相关的规章制度设立。因此,我们作为一名企业员工,进入公司之后的第一件事,就是要对公司的各项规章制度进行了解,然后做到切实地贯彻和落实。只有每一名员工都做到了这一点,才能维护公司的正常运转,并最终融入公司的企业文化,体现自己应有的工作价值。相反,如果我们连这一点都做不到,那么不要说成为一名优秀的员工,即使在企业中立足也将成为奢望。

事实上,我们严格遵守企业制定的各项规章制度,不仅仅是出于企业管理的需要,同时也是对自身权益的保障。可想而知,如果我们在工作中处处违反公司规定,那么首先我们会受到各种处罚,从而直接造成自身经济利益的损失;其次,我们的工作能力也将无法提高,从长远角度来讲,对于我们的职业发展当然也是不利的;最后,还会不可避免地受到集体排斥,尤其是直接管理我们的领导,一旦对我们失去耐心,很可能就会“请”我们出局。

众所周知,企业用人基本面临两个困境,一个是有能力的员工不遵守规则,还有一个就是遵守规则的员工没有能力。在此,如果我们想要在企业中立足,至少也要满足其中的一个条件,否则我们将会面临的下场不言自明。当然,如果我们既能够不断提高自己的工作能力,同时又能够严格遵守企业的各项规章制度，那么我们的职业发展必定顺风顺水。

在此基础上，我们还应该分清一个主次问题，如果是一家处于成长阶段的企业，也许我们还可以因为自身的超强工作能力而忽略一些细节规则。但是对于一家成熟的企业来说，领导往往更希望员工能够遵守制度，毕竟没有人会喜欢一个“刺头”。我们在职场中经常可以看到一些有能力的人怀才不遇，而一些才智平庸的人却可以春风得意，原因就在于此。因此，如果我们想要取得预期的职业发展，严格遵守企业规章制度就成了一门职场必修课。

王冲是一个名校毕业的硕士生，不仅个人学习能力超强，还曾经跟随导师完成了几个业界知名的大项目，因此积累了很多先进经验。参加工作之后，王冲对同事摆出了极高的姿态，甚至经常对领导的工作指指点点，完全无视公司的各项规章制度，这让他和自己的直接领导产生了很深的矛盾。

在这种情况下，王冲不但没有积极寻求化解矛盾的方法，反而越级找到公司老总，要求为自己调换部门。公司老总没有弄明情况，推辞说自己考虑一下，让王冲先回去工作。而王冲却直接去了自己要求的部门上班，让他的直接领导很是尴尬，随即找到了公司老总进行理论。

公司老总念及王冲的个人能力不凡，还特地找到他谈话，要求他尽快回到原来部门上班。但王冲却数落了一大通领导的不是，对自己的错误却一点认识都没有。公司老总这才知道王冲是铁了心不服从公司管理，只得对他做出强制处理，要求他立即回到原部门上班，并且对他去新部门上班的时间做旷工处理。

一怒之下，失去理智的王冲直接向公司递交了辞职信，然后头也不回地离了职。本来，王冲还想休息一段时间后再到其他公司工作，但是让他没想到的是，每家公司都在面试时向他问到了从上一家公司离职的原因。而此时的王冲仍旧没有端正态度，总是滔滔不绝地对上一家公司和领导进行批判，所以他得到的面试都是让他回去等通知，结果却没有一家公司给他打去电话。

面对这种情况，王冲也不得不反思个人原因，至此才终于意识到了自己的问题。在接下来的面试中，王冲一改以前的说法，转而强调上一家公司给了他很好的机会，是他自己没有遵守公司规定，最终才让机会溜掉。如此一来，王冲很快便得到了一份不错的工作，而端正了工作态度的他，也终于能够严格遵守企业的每一项规定，能力超群的他最终开始了自己的职业发展之路。

其实，每个人都希望自己能够变得越来越优秀，但是因为种种原因，往往连最基本的遵守企业规定都无法做到。对此我们必须谨记，优秀是一个循序渐进的过程，如果我们想要达成这一目标，首先需要做的一点就是遵守企业制度。遵守企业制度并不是简单地服从公司管理，更是一种对企业文化的认同，这可以使我们和集体保持一致的价值取向，从而与企业一起努力奋斗，实现共同成长。只有这样，我们才能在工作中不断走向优秀，最终实现自己的职业目标和人生理想。

而对于一家公司来说，在进行各项企业制度建设的时候，也应该尽量讲求一些技巧。比如在一些新制度的建设和旧制度的改善过程中，要多听取一些员工的意见。这样不仅有助于各项规章制度的完善和健全，还能有效避免员工对于一些“苛刻”规章的抵触情绪，从而保障各项规章制度的彻底落实。当然，我们作为企业员工，即使认为一些制度不合理，也不能因此而生出抵触情绪，更不能做出抵触行为。否则，只能成为企业“杀一儆百”的牺牲品，毕竟企业的制度建设不能兼顾到每一名员工的个人意愿。

此外，企业规章制度的建立只是一项初步工作，如果与之相配套的监督和奖惩制度不能得到完善和健全，那么制度的执行和落实也会存在很大问题。所以，监督制度要由专人专项负责，做到反复抓、持续抓和有效抓。对此我们要谨记，企业规章制度的建设，固然有不变的原则，但也必须要有动态变化的内容。古语有训：“有治人，无治法。”也就是说，没有什么规则能够永远适用,我们必须根据不同的情况而做不同的制度改变。当一项制度不再适合当下的管理工作时,改变就成了继续维持有效管理的保障。

而作为一名企业员工,无论到了什么时候,我们都要严格遵守企业的规章制度。因为一名企业员工如果连遵守企业规定都做不到,那么他和优秀也就注定无关了。接下来,自身的职业发展和人生理想则更加无法实现。

2. 遵守日常规章从严格要求自己开始

企业日常规章是一个集体的行为准则,尤其对于一些大型公司来说,如果没有一个共同的行为规范,那么不要说在市场竞争中取得胜利,即使是自身的运转也会出现各种问题。所谓“无规矩不成方圆”,我们作为一名企业员工,一定要建立“遵守规章,从我做起”的思想意识,积极主动地按照规章制度工作,绝不越“雷池”一步。如果每个员工都能够做到这一点,那么企业内部的管理工作就会轻松自如,员工也能有一个和睦融洽的工作环境,由此所产生的集体工作效率必定也是可观的。

严格遵守企业规章,还因为它具有强制性效力,一旦我们有违背和触犯行为,惩处必将难以避免。对此我们应该认识到,企业日常规章是根据公司集体意志所制定,其过程必定是权衡了各方面的利弊,即使没有兼顾到我们的个人利益,也是完全可以理解的。而且企业制定各项规章制度时,必定着眼于长远发展利益,其制定的意义,就是要强制要求那些目光短浅的员工为公司长远利益服务。实际上,这也是为员工的长远利益考虑,哪怕员工是不情愿的或者是不积极的。

了解到这些，我们在面对企业日常规章的时候，就应该对它的特殊属性和存在意义具有充分的了解，绝不能因为自己的个人原因而违背公司的集体规范。因此，当我们想要使自己成长为一名优秀的企业员工时，应该建立全局和长远的职场目光，而不能总是计较“一城一池”的得失。唯有如此，我们才能服从集体的意志，并且找准自己的位置，从而为公司和自身发展做出积极努力。如此一来，我们不仅能够顺利完成自身的职业素养建设，还能对身边的同事形成正面影响，可见“从我做起意识”是一名优秀员工应该具备的首要条件。

肖雨是一家软件公司的程序员，由于工作能力出色，经他优化的各项软件系统大幅提升了运转速度，他也因此很快从测试部门转到了开发部门。事实上，肖雨在大学期间就表现出了惊人的编程天分，之所以他的综合评分始终平平无奇，是因为他没有时间观念的恶习。

参加工作之后，肖雨果然三天两头地迟到，并且有越来越严重的趋势。领导为了严肃公司的日常规章，几次找到肖雨谈话，但是他在谈话时虽然态度很好，可惜没过几天又恢复到老样子。对此，领导也很无奈，只得根据肖雨的特殊情况专门附加了一项日常规章，规定一个月迟到超过三次或累计迟到时间超过 30 分钟者，一律按旷工处理。

对此，肖雨认为领导是在故意刁难他，因而表现出了极大的抵触情绪。在他看来，只要保质保量地完成工作任务，就算迟到也无关紧要，大不了下班之后再通过加班的形式把迟到时间补回来。如此一来，肖雨面对新规章不但没有收敛行为，反而变本加厉地违反公司日常规章。

一个月之后，肖雨累计迟到次数达到 17 次之多，虽然没有耽误过日常工作，却造成了极坏的影响。一些原本遵守公司日常规章的员工，都在肖雨的带动下开始违反规定，不仅迟到的次数越来越多，迟到时间也越来越长。在这种情况下，尽管公司领导仍然对肖雨的工作能力极为欣赏,但是为了维护公司正常运转,以及严肃公司日常规章,只得在万般无奈的情况下将肖雨辞退。

我们都知道,小型公司的经营靠领导的精明,中型公司的经营靠团队协作,大型公司的经营靠企业文化。但是无论对于哪一种类型的公司来说,都必须有严格的管理制度和执行监督,任何违反企业日常规章的行为,都可能是破坏企业正常运转的开端,因此是不被任何企业所姑息和放纵的。作为一名企业员工,我们必须明白“国有国法,家有家规”的道理,日常规章对于公司来说,就像宪法对于国家管理的作用一样,如果失去权威性和公信力,那么整体的运转就会陷入瘫痪,集体和个人的利益最终将会双双失去保障。

与此同时,企业的日常规章也是在维护员工的个人利益,其中包括他们的直接利益。比如某些工作存在一定的危险系数,虽然短期内可以通过培训等方法,让员工认清违规操作存在的风险。但是在时间长了之后,如果没有一个明确的日常规范进行保障,危险事故还是随时可能出现。因此,严格遵守企业的日常规章,于人于己都是一件有益无害的事情,我们在日常工作当中,切不可因为一时的惰性和侥幸心理作祟,而放纵自己违反公司日常规章。而且从长远角度来看,我们遵守企业的日常规章,也有助于我们更好地完成工作,从而不断提高自己的工作能力,最终达到自己理想的职业发展目标。

曾经有这样一个故事在留日的中国学生间广为传播:一名中国留学生到当地餐馆打工,负责清洗餐具。按照规定,这些餐具要仔细清洗7遍,并且每一遍都有明确的规定和要求。中国留学生在工作中发现,餐具清洗7遍和清洗3遍的效果几乎没有任何区别,并最终决定只清洗3遍。结果,虽然这名中国留学生的工作效率非常高,但最终还是被餐馆老板辞退,在这位老板看来,遵守规则比工作效率更重要。因为工作效率可以慢慢提高,但是如果员工不遵守纪律,则属于工作态度问题,会在工作中的各个方面出现错误。

众所周知,日本人在做事认真方面被世界公认,从这个方面来说,是非常值得我们学习甚至效仿的。现实职场生活中,也许很多人对于公司的日常规章并不在意,觉得遵不遵守都无关痛痒,尤其是一些取得了职场成就的企业员工,会在内心当中不自觉地产生一种可悲的优越感,甚至以践踏公司日常规章为荣。这样的员工虽然可以得到下属艳羡的目光,但是同时也会被上级领导否定他们的职场价值,他们的职业发展多半会到此为止。原因可想而知,他们的这种做法会在企业内传递一种错误的职场价值观,最终很可能会导致企业日常规则完全失去效力,从而使企业的管理陷入一片混乱。

没有规则,就没有管理,没有管理,就不会有正常有效的运转。对于一家企业来说,这是最基本的生存理念。而对于一名企业员工来说,只有积极主动地遵守企业日常规章,才能全面融入企业之中,并得到自身价值的不断提高,最终才能成长为一名优秀的企业员工。

3.

遵守安全条例,保障生命安全

近年来,我国社会经济飞速发展,很多企业都处在日新月异的市场竞争环境中,安全工作也随之发生了很多改变。而企业面对新的挑战和考验,如何逐步加强相关安全建设,明确各项安全规章条例的内容,并贯彻落实到每一项具体工作中,借以保障员工的生命安全,就为企业提出了更高和更多的要求。而作为一名企业员工,当企业为我们制定了各项安全规章条例之后,必须严格进行遵守,否则不仅是一种违反公司规定的行为,同时也会对自身的生命安全埋下隐患。

对于安全条例的建设,我们应该当成一种企业文化来对待,切实关注工作中的每一个安全问题。在此基础上,将安全操作列入明文条例规定,如果有员工违反,立即对其进行批评和引导。如果效果不明显,还可以配套一定的奖惩制度,总之要让每一名员工融入到公司的安全文化中。这样一来,即使员工的安全意识不足,或者在工作中不自觉地放松了警惕,也可以在制度的保障下规范操作,当员工最终将安全工作养成习惯,他们的生命财产安全就得到了有效维护,从而也可以增强企业的利益保障。

而在我们对安全条例进行学习之前,首先应该认识到安全工作的重要性,从而为最终的学习效果奠定基础。众所周知,确保安全是员工和企业发展的首要条件,如果企业能够制定科学合理的安全条例,员工也能够保障贯彻落实到每一项工作中,那么企业就可以形成一个良好的内部环境。如此一来,不仅企业能够在市场竞争中免去后顾之忧,员工也可以不断提高自己的工作能力,最终实现双方的共同成长。相反,如果企业一方或者员工一方没有尽到安全责任,抑或双方都没有尽到安全责任,那么一旦发生安全事故,无论对于员工还是对于企业来说,所造成的损害都可能是致命的。

2011 年 4 月,西安市龙辉器械厂迎来了第三次安全标准化建设。对于龙辉器械厂来说,其员工的安全工作保障又得到了进一步提升。通过此次更新换代,龙辉器械厂淘汰了一大批老旧设备,从而大幅降低了员工的操作难度,工作安全系数也得到明显提升。

为了进一步加强企业安全建设,厂里还展开了大量安全宣讲工作,并建立了配套新机型使用的操作规范。在此,如果是一般的公司,基本只是要求员工按照新设备的使用说明书操作,但是龙辉器械厂却组织了厂里最有经验的一批老师傅,以设备使用说明书为依据,进行了大量修改工作,以求最大限度保障每一名员工的工作安全。

在此基础上，厂里又制定了一整套各类突发事件的应急预案，以备意外情况不幸发生时，员工可以得到相关安全指导。对于一些安全设施的检查，也有专人定期进行，一旦发现有过期或者破损设施，立即就可以得到更新。再有就是对于这些专门负责安全工作的员工也会定期接受国家消防部门的培训和指导，专业能力非常强。

此外，龙辉器械厂还设有独立的督查部门，并且直接对公司老总负责。他们主要的工作内容是定期培训员工的安全常识，当然主要是为了提高他们的安全意识。而且他们针对不同的员工，还有不同的培训内容和要求，比如公司的中层及高层领导，必须要具有专业安全人员的水准，从而确保安全事故发生时，每个部门的领导都能够保证下属的安全。

截止到2012年年底，龙辉器械厂已经建厂58年，但是死亡和重伤事故却从来没有发生过，即使是其他同类工厂经常性出现的轻伤，龙辉器械厂也只有每年2.1%的概率。因此，很多工厂都曾经到龙辉器械厂学习参观，而他们学到的内容其实也很简单，即“年年有计划，月月有安排，天天有任务”。

安全是一种理念，也是一种习惯，同时更是一种保障。当我们能够把每一条安全规则都落实到工作上之后，实际上我们就已经为自己的生命安全撑起了一把保护伞，同时也使我们的利益和企业的利益得到了最基本的保障。所以，无论我们在工作中遇到什么困难，都应该以安全工作为自己的最高准则。在此我们应该充分意识到这一点，如果我们在工作中养成了注重安全的良好习惯，那么必定可以受益无穷。但是，如果我们在工作中总是忽略安全问题，那么一旦养成习惯，想要改正就比较困难了，到时候很可能会受累终生。

当然，安全习惯的养成不可能在短时间内达到，所谓“冰冻三尺，非一日之寒”，我们在培养安全工作的习惯时，必须要有一定的耐性和决心，只要我们想想安全工作的重要性,就可以在遇到困难的时候成功克服。而且从实际角度来看,即使我们养成安全工作的习惯,也需要时刻提高警惕,因为一旦松懈下来,安全习惯的培养就会前功尽弃。这就要求我们必须严格遵守公司的安全条例,把它当成我们提高安全意识和建立安全习惯的标杆,只要我们持之以恒,必定能够在安全工作的基础上越来越优秀。

事实上,我们在现场看到的那些安全事故,并不是完全不可控的,只不过是因为企业领导和员工都没有安全意识,所以才放纵了安全事故的发生。很多人在违规操作的时候,其内心当中对于正确的和规定的操作方法了然于胸,然而就是因为侥幸和懒惰等负面心理作祟,他们最终还是一次次地选择了违规操作。对此,我们应该在违规操作的时候立即提醒自己,哪怕只是一个小小的违规,也可能会给自己带来致命的伤害。从而使自己养成严格遵守安全条例的工作习惯,确保自己的生命安全得到有力保障。

4. 制定考核标准,不让规章流于形式

企业规章制度是维护公司正常运转的基本保障,然而,要想让企业制度真正发挥实际效力,还需要建立有效的监督机制。现实职场中,很多企业热衷于建立各种各样的规章制度,并试图用这些条条框框去维护公司的日常运转。可惜在实际运用过程中,却没有形成足够强大的执行力度,以至于相关规章制度虽然缜密合理,最终却难免面临流产的结局。一些公司在制度建成初期尚能够严格执行,并且发挥出了制度应有的效力,但是随着时间的推移,很多员工在“上有政策,下有对策”的思想作用下,已

经变得越来越圆滑。对此,任何一家企业的考核者都必须充分意识到,只有形成强有力的考核保障,企业各项规章制度才能够落实到位。

目前,规章制度的执行已经成为困扰我国企业的主要问题之一,原因主要来自考核力度的不足,包括考核者权限不够,不能一视同仁,不敢得罪人等。头绪虽多,但是却并不复杂,因为综观这些原因,其实都来源于一个根本问题,那就是企业领导对于监督制度的建设不够重视。通常情况下,一个强有力的监督团队,其负责人至少是公司的副总级人物,并且直接对老总负责,其地位在一家企业中大体类似于古代的钦差大臣。

然而在现实职场中,我们却经常可以看到一些不负责任的考核者,他们虽然也在执行公司的考核制度,目的却是为了敷衍公司领导,只要自己可以把责任推卸干净,他们才不会关心企业的利益是否受损。对于这样的员工来说,他们不仅会危害企业的经济利益,同时也是对员工的不负责任。道理很简单,如果考核工作不到位,那么员工对于公司制度的遵守必然会大打折扣,其工作能力的提高也将失去保障,最终必定难以实现自己的职业发展。由此我们可以看出,如果考核工作能够贯彻落实到位,将是对企业和员工利益的双重负责。相反,如果对于相关考核工作敷衍了事,则是对企业和员工利益的双重不负责。

林翔是上海一家制药公司的中层领导,作为一个部门的最高领导,他一向以平和待人与幽默风趣受到大家的欢迎。但是林翔也有一个众人皆知的职业缺陷,那就是对于公司的管理不够重视。在整个公司,林翔负责的部门纪律最为涣散,公司老总曾多次找他谈话,但是林翔却始终不肯听取正确意见。

由于林翔不仅和老总一起创办了整个公司,而且还和老总有一层表兄弟的私人关系,所以很多人都拿他没有办法。负责制度考核的副总也曾多次和林翔沟通,甚至置办规格很高的宴席请他吃饭,只希望他能够一改目前的松散工作状态,提高他所负责部门的工作效率,进而加快整个公司的全面成长。

然而在林翔看来,自己的属下已经跟着他打拼了多年,现在是已经到了“享受”的时候,根本不可能再像以前一样严格要求自己了。林翔是这么想的,而且也是这么做的,比如公司有规定,领导要定期和员工召开座谈会,以便及时和员工进行沟通,但是在完成了一些需要上交的、书面性的任务后,林翔就会和员工们聚在一起聊天,内容丝毫不涉及工作事宜。

对此,林翔的属下也感到非常自豪,认为自己跟对了领导,不仅有面子,而且还可以得到很多实惠。然而,公司一些年轻部门负责人将林翔的行为看在眼里,心中逐渐产生了不平,尤其是那些部门的员工都吵着要调去林翔的部门工作,让公司很多中层领导都开始对林翔心存芥蒂。

负责制度考核的副总知道自己撼不动林翔,只得以退为进,找到老总要求免去林翔的职务,否则自己就辞职。公司老总也早就想撤掉林翔,毕竟公司还是要发展和进步的,而林翔则显然已经成了拦路石。在这种情况下,林翔最终“被”退休,他的那些属下也都面临着一次严格的考核,凡是不符合标准者,全部被做了降职甚至辞退处理。

由此我们可以看出,即使我们在企业中“根深蒂固”,一旦违反了公司制度,都将面临被踢出局的下场。何况,对于大多数企业员工来说,我们只不过是一个平凡的打工者,如果不能切实遵守企业的规章制度,结局也就可想而知了。

此外,考核制度本身的建立当然也要根据实际情况而定。所谓“家家有本难念的经”,对于企业管理同样如此,如果监察者将其他企业的考核制度和标准照搬套用,必然会在自己的具体工作中遇到困难。而且对于考核制度的建设,必须要有一个动态发展的观念,并不是一个制度建成之后,就可以永远适用了。比如对于一些较为年长的员工,只要制定严格的管理条例和奖惩制度就可以了,遇到问题可以通过沟通来解决。但是随着 80 和 90 后成为社会劳动主体,他们对于个性解放的要求,也就决定了考核制度必须越来越细化,并且越来越人性化,如此才能保障考核工作的顺利进行。

事实上，考核工作虽然在执行过程中比较复杂，难度却并不大，关键问题就在于领导者的决心和执行者的能力。那么对于企业来说，既然切实做好考核工作能够保障企业运转并帮助企业成长，为什么领导还下不了决心呢？原因还是碍于面子。在一家公司当中，总会有一些曾经和老总一起“打天下”的老人，等到“天下打下来”之后，这些“老人”必定都以功臣自居。在他们看来，公司制度的建立是为了管理员工，而自己虽然不是老总，却也要和普通员工区分开来，对于公司制度当然不屑一顾。对于这类员工的管理，老板必须当机立断，所谓“上梁不正下梁歪”，如果连领导者都不能严格遵守各项规定，那么员工也自然很难做到。

而对于执行者来说，仅仅有工作决心显然不够，除了基本的公正、公平和公开原则外，更重要的是学会灵活应对。毕竟制度是死的，人是活的，我们制定各种规章制度的目的，就是为了维护企业正常运转，以及完成企业团队的综合素质建设。因此，只要不违背这个原则，法律都不外乎人情，企业管理当然也不能太死板。比如有些员工从来不犯错，那么偶尔犯错多半属于无心之失，即使性质比较严重，也最好从严批评，从宽处理。高调批判，低调安抚。先行沟通，后做处理；而对于那些“大错不犯，小错不断”，经常和公司规定打擦边球儿的员工，手段则应完全相反。

只要我们能够做到这些，就可以让企业的各项规章制度得到贯彻落实，企业和员工的利益也能够得到全面保障，并不断取得发展和进步。尤其是对于一名员工来说，遵守企业制度是我们进入职场的第一步，如果连这一点都做不到，那么我们所有的理想和目标都只能是海市蜃楼。

5. 遵守企业安全纪律,绝不泄露企业机密

对于任何一家参与市场竞争的企业来说,都会有其核心机密,也就是我们通常所说的“杀手锏”。尤其是在开发一些新项目时,往往一条核心机密就能够决定一家企业的生死存亡,继而也将决定这家企业所有员工的命运。在这种情况下,很多不走正路的企业,为了在市场竞争中取得胜利,都会使出一些见不得光的伎俩去窥探竞争对手的机密。因此,我们作为一名企业员工,必须时刻具有警醒的认识,哪怕对方和我们的关系再怎么亲密,也必须要把工作和生活区分开,严格遵守企业保密规定,切不可一时大意让那些居心叵测的人将公司机密探听去。

当然,也有很多人会为了自身的一己私利而出卖公司机密,对于这些人来说,公司的保密纪律也就形同虚设了。对此我们更应该具有清晰的认识,毕竟我们要在职场竞争中长期打拼,如果我们想要取得理想的成绩,诚信永远都是第一要素。而不论我们出于什么原因,只要是出卖了公司的机密,那么我们都将成为众矢之的。其下场,不仅是在这家公司无法立足,而且由于一家成熟的企业通常会在整个行业内具有一定的影响力,还可能会导致我们在整个行业范围内失去发展机会。

法国著名军事家拿破仑曾经说过:“这个世界上最可恶的不是狡猾多变的敌人,而是自私自利的叛徒。”实际上,市场竞争又何尝不是如此,一些无视市场规则和秩序的竞争者,甚至会派出专业的商业间谍来刺探和收集情报。但通常情况下,这些临时派出的间谍根本无法进入公司核心层面,因此他们只能收买和拉拢公司核心人物,以此来达到目的。这就要求企业必须建设和谐稳定的内部环境,从而形成强有力的企业文化,并最终落实在一些保密纪律上。

此外,在关键时期,企业对于一些“不稳定分子”要格外关注,以防被叛徒反水。所谓“日防夜防，家贼难防”，与那些正面和我们为敌的对手不同，叛徒往往会趁我们最虚弱的时候有动作，因此对我们造成的伤害也往往是最致命的。当然，安全保护工作要时时抓，并且全面深入地抓，确保让所有员工都能形成强烈的保密意识，保障安全纪律能够切实贯彻到位，不给那些心怀不轨的人留有可乘之机。

王岭南是一名从德国学成归来的博士生，由于他不仅学习成绩优异，而且毕业后又在德国工作10余年，因此实际工作能力非常卓越。回到国内，很快有一家公司主动找上了王岭南。这家公司的老板以前曾经是王岭南的同学，对他的能力非常钦佩，因此他不仅给出高薪，还直接给了王岭南公司副总的职位，以便他直接和国内市场接上地气。

然而，让这位老板想不到的是，王岭南实际上是一个狼子野心的家伙。进入公司以后，他不但没有把精力用在企业内部建设和外部发展上，反而把目光锁定在老板的位置上。在他看来，这位曾经的同学根本比不上自己，因此也就没有给自己当领导的资格。为此，王岭南虽然表面顺从，暗地里却积极运作，企图颠覆老板的权力。

庆幸的是，公司内部形成了浓郁的企业文化，大家都对老板非常信任和拥戴，所以王岭南的举动很快传到了老板耳朵里。这也让这位古道热肠的老板一下子灰了心，虽然他并没有对王岭南说什么，实际上却越来越疏远王岭南。王岭南也似乎意识到了什么，但是他却并没有反思自己的过错，而是继续走旁门左道。

当时，公司正在推进一个至关重要的项目，由于老板的信任，王岭南也参与了进来，并很快接触到了核心机密。后来，当王岭南意识到自己不再被重视后，就开始秘密接触另外一家公司，以带入原公司项目机密为资本，要求出任该公司总经理。该公司老板评估了一下风险和收益后，最终答应了王岭南的条件，王岭南也立即兑现了他的诺言。

抛开原公司因王岭南的行为元气大伤不说。在进入新公司之后,王岭南也想成就一番作为,但是他很快发现,新老板对他毫无信任可言。虽然新老板给了他总经理的头衔和待遇,但是公司的具体事务却从来不许他过问,而且还在私下严禁公司员工与王岭南做过多接触。最终,在这个项目完成之后,王岭南还是被新公司扫地出门,他的名声也从此变坏,在整个行业都没了立足之地。

这里其实存在一个很简单的道理,即任何人都不可能信任一个叛徒,因为他只要有了一次背叛行为,就可以有第二次、第三次,以及更多次。所以,当一个人选择了背叛之后,他的下场实际上就已经注定了,只不过他自己不知道而已,而且很可能他还会觉得自己是全世界最聪明的人。职场生活中,我们对于企业安全纪律的遵守,虽然很多时候只涉及一些小事,但只要我们无法切实遵守安全纪律,其性质和叛徒将是一样的。更为关键的问题是,遵守企业安全规定,是一种诚信表现,而诚信永远都应该是我们的最高行为准则。

安全纪律是企业核心机密的最高保障,同时也是原则性的企业制度,作为企业员工,它就像是一根高压线,谁触碰谁就会死无葬身之地。实事求是地说,如果我们违反了别的企业纪律,还有被原谅的可能,毕竟再优秀的人都需要一个成长过程。但是,如果我们违反了安全纪律,其行为将会被视为叛徒,结果不仅会危害集体利益,从长远角度来说,对于自己的职业发展同样非常不利。所以,当我们想要忠于自己的个人利益时,首先必须要忠于企业的集体利益,而我们想要忠于企业的集体利益,则必须切实遵守企业的各项安全纪律,绝不能因为任何原因而泄露公司机密。

第七章

安全第一：安全健康是员工获取“优秀勋章”的最大资本

我们每个人都希望自己在工作当中变得越来越优秀，而我们想要做到这一点，除了要付出必要的努力之外，更重要的是必须保障自己的安全和健康。尤其是那些对待工作能够乐在其中的企业员工，废寝忘食会成为他们的工作常态，如此很容易损害身体的健康，时间久了之后甚至可能危及生命。对此，我们必须培养安全健康意识，充分认识到工作中可能存在的健康危害，养成重视安全和健康的工作习惯，从而为自己成为一名优秀员工奠定坚实的基础。

1

遵守安全制度，让良好的习惯一直保持

公司是所有企业员工参与市场竞争的组织形式，如果我们想让自己的企业在市场竞争中立于不败之地，从而保障自身的安全利益，就需要全面遵守公司的安全制度。因为对于一家公司来说，其安全制度的建立不仅要遵照公司外部的市场发展环境，还要考虑公司内部的人事运转情况，对于每一名员工的主观诉求必定有限。如此一来，就要求每一个员工必须从主观出发，培养自己的安全健康意识，知道自己遵守安全制度是对公司利益的保障，同时也是对自身利益的保障。如果我们不能意识到这一点，在工作中就会只关注自己的蝇头小利，一旦遭遇“不公”就会抱怨连天，建立良好的工作习惯也就无从谈起了。

在现实职场中，很多人对自己公司的企业文化无从感知，更不知道应该如何学习和发扬这种文化。其实，所谓一家公司的文化，实际上就是一家公司的整体素质，而一家公司的整体素质无疑需要每一个员工的努力来保障。因此，如果每个员工都能提高自身的职业素养，自觉遵守公司的每一项安全制度，那么公司的整体素质就可以得到保障，企业文化也就随之形成了。在此基础上，员工之间还会形成一种相互竞争的工作关系，从而使公司发展处于一种良性循环，并且使每一个员工的个人利益得到最根本的保障。

相反，如果我们不能遵守公司的各项安全制度，不仅难以和企业发展同步，还会在日常生活中不自觉地损害甚至败坏公司形象，导致自身和公司利益的双重受损。因为一个不热爱自己工作的人，必定也不会热爱自己的公司,于是他在生活中所做的点点滴滴都可能会损害公司的利益,实际上当然也是在损害自身的利益。此外,如果我们不能遵守公司的各项安全规定,还可能会直接造成工作失误,甚至导致重大责任事故的发生,从而严重影响公司和自身的发展。

2007年11月24日,位于上海市浦东新区浦三路909号的一处加油站内,正在进行相关系统的定期维修保养,为了保障操作安全,维修工作由专业的维修人员进行。但是因为工作已经进入程式化,这些所谓的专业人员在具体维修过程中的安全意识越来越松懈,各项规章制度的执行力度也逐渐打起了折扣。

为了使维修工作尽量减少对生意的影响,维修人员在天亮后便投入工作。上午7点左右,维修工作进行到最后阶段,也就是对输油管道进行密封性安全检测。按照规定,维修员必须将管道内的残油进行彻底排除和清理,并且将输油管道和储油罐进行完全隔离,然后才能进行密封测试。

然而由于安全意识的极度匮乏,维修员在加油站经理的催促下,居然在排油后没有进行实际检查的情况下,直接进行了密封测试。结果检测用的压缩空气和残留油料发生混合,随即引起化学反应,造成了输油管道内的高温和膨化等现象。在这种情况下,维修员仍然在向输油管道内加注气体,最终造成输油管道的严重破坏。

8时许,检查工作如期完成,但原本的安全排除工作却为输油管道埋下了安全隐患。汽油从储存库输出后,大量的油料进入管道后随即发生大规模化学反应,从而导致输油管道不堪重负,最终发生了管道破裂和成品油泄露。这些成品油在与地面空气接触后,立即挥发成气态并向四周迅速蔓延,并很快被手机信号点燃,引起了惊天动地的大爆炸。

据悉,此次事故共造成包括责任人在内的4人死亡,直接经济损失数百万元,伤者和间接经济损失不计其数。而如果维修人员严格按照安全规则落实工作，完全可以避免此次重大责任事故的发生，自己也不至于丢掉性命。然而，由于维修人员对于相关操作环节的过度自信，以至于养成了粗心大意的工作习惯，忽略了工作中存在的安全隐患，不仅没有建立起保障安全的工作习惯，甚至未能养成关注安全工作的意识，事故的发生也就成了早晚的事情。

我们在职场生活中经常听到这样一句话："规则只为那些不遵守规则的人准备"，也就是说，一个遵守安全制度的员工，总是能够自愿自觉遵守，或者说能够养成遵守安全制度的工作习惯，只有那些不守规则的人，才时时刻刻处在违规的境地中。而对于那些遵守规则的企业员工而言，很可能终生都不会和规则打交道，因为他们从来都不会触犯规则。原因很简单，当一名员工能够清楚地认识到自己在工作中的责任和义务时，他所做的事情就会以公司利益为最高利益，关键时刻甚至可以牺牲自己的个人利益。对于这样的员工来说，自然不会去触犯公司规定，在职场生活中，他们也会养成良好的工作习惯。

但是，如果我们不能意识到自己在工作中应该承担的责任，就会在工作中逐渐放松警惕，对于公司安全制度的执行也会大打折扣。如此一来，我们的工作安全就失去了保障，而我们一个人的工作出现安全隐患，也会导致整个公司的安全受到威胁，一旦我们在工作中出现失误，就会造成整个公司的损失，其后果很可能是我们想要承担都承担不起的。而且如果不幸出现这种情况，同事和领导都会失去对我们的信任，我们的职业发展也很可能会就此走上绝路。

众所周知，企业的发展离不开员工的支持，而员工的发展同样离不开企业的帮助，我们只有严格遵守公司的各项安全制度，才能使公司和自己的利益得到保障，并且与公司一起取得进步。所以说，员工和企业之间实际上是一种鱼和水的关系，而安全制度就是我们最好的联系和纽带，我们也只有抓住了这一纽带，才能和企业建立唇齿相依的共同利益关系。如此一来，我们就可以为企业贡献更多的个人力量，企业也能够得到员工更多的支持,从而取得更好的市场业绩,并最终将获得的市场利益返回到每一名员工手上,完成整条发展链的良性循环。

俗话说:"国有国法,家有家规。"对于任何一家企业来说,如果想要保障有效的内部运转,以及在市场环境中的竞争力,就势必要形成自己的规章制度。这就如同我们在路上行驶时要遵守交通规则一样,哪怕有一个人出了错,都可能会造成交通的大拥堵,甚至直接在事故中送了自己的小命,并且也会威胁到别人的生命安全。对于一家公司的内部运转来说,道理同样如此,如果所有员工都不能按照规则做事,那么各部门之间就会出现重重矛盾,并且积怨也会越来越深,到了爆发时很可能连老板都已经无法插手。

事实上,一家公司的建立必然要形成自己的企业文化和发展目标,这些概念性的东西在具体化后,就会成为企业的各项规章制度。因此,我们遵守企业各项规定的同时,也是一种对企业文化的认可,而一旦我们对企业文化进行了充分认可,就可以把自身的职业发展和企业的整体发展联系在一起,从而将自己最大的工作热忱投入到工作中去,并最终养成遵守公司安全制度的良好工作习惯。

2. 增强安全意识是养成安全习惯的关键点

生命是我们从事所有社会活动的第一前提,有了生命我们才能感知和享受世间的所有美好。因此,如果我们的生命安全受到威胁,那么我们所拥有的一切都将处于极度危险中,尤其是在我们的生活中占据大部分的工作时间,一旦出现意外状况,必然影响到我们的正常生活。这就要求我们在工作中不断加强自己的安全意识,并切实将安全规则落实到工作实处,确保自己不会出现工作细节上的疏漏。

现实职场生活中,很多工作失误其实都是因为对细节的疏忽,而我们工作中的各类细节又十分繁琐和复杂,如果不能建立起足够的安全意识,很难将每一个细节关注到位。在此基础上,我们还应该弄清问题出现后的严重性,从职业发展来看,如果我们不能关注工作中的安全事项,那么就会在日常的工作中不断出现各种差错,从而导致领导的反感,职业发展之路也会因此被堵死;从个人得失来看,我们的工作细节如果失去安全保障,很可能会造成严重的后果,尤其是一些安全系数要求较高的工作,有可能会让我们倾家荡产,甚至丢掉性命。

比如发生在 2012 年的墨西哥湾漏油事故,造成了人类历史上重大的环境污染,同时也导致多家与钻井平台有关的公司宣告破产,从而造成这些公司的员工失去工作机会。而当我们查看整个事件的经过时,却发现这次事故完全可以避免,只要相关工作人员具有哪怕一点安全意识,也不至于让事故从发生到发展几乎没有得到任何有效扼制。作为一名企业员工,我们面对自己的工作时,同样需要打起十二分的精神,因为创造一笔巨额财富通常需要付出艰苦努力,但是造成一次重大的财产损失,却只需要一次小小的安全疏漏。

随着我国科技能力和经济水平的不断提高,拥有机动车的人数越来越多。不过各类交通工具在为我们的生活和工作带来方便的同时,也在危害着我们的生命安全,尤其是对于那些缺乏安全意识的人来说。

2012 年 3 月 25 日,一名叫作高海成(化名)的广州男子驾驶一辆红色保时捷轿车驶入香港海底隧道。由于已经是凌晨 3 点时分,道路上的车辆相对比较少,高海成在不知不觉中将车速提高到了 140 公里以上。通常情况下,车子在进入隧道后应该相应减速,但是高海成不但没有减速,反而进一步提高了车速。

众所周知,为了减少对交通的影响,道路维修工作基本上都在凌晨时分进行，而这天晚上，就有5名工作人员在隧道内的一处下水道出口进行加工作业。虽然5名工作人员全都穿着警示明显的工作服，但是当高海成注意到他们的时候，悲剧早已无法挽回。

结果，高海成驾车直接撞飞了工人摆在道路上的警示牌，车子一头扎进施工场地。这次事故，最终造成5名工作人员3死2伤，高海成虽然被安全气囊救下了一命，却也在事故中严重受伤，最终不得不高位截肢，余生只能在轮椅上度过。

事后经过警方调查确认，高海成当天晚上一直在与朋友喝酒，事故发生时存在严重的酒驾行为。因此，除了要赔偿死伤者巨额经济损失外，还要承担相应的刑事责任。那些和高海成常年一起混吃混喝的朋友，眼见他落得如此光景，也都一个个消失不见，高海成辛苦半生打拼出来的公司也因此而走上绝路。

现实生活中，因为交通事故而造成人生悲剧的绝不止高海成一人。据公安部交通管理局公布的最新数据显示，在刚刚过去的2012年，我国共发生各类交通事故190270起，其中伤者达到221838人，死者也高达41933人。平均下来，我国每隔6分钟时间，就会有一个人死在车轮之下，我们不能不从中得到警示。然而，当我们开车行驶在路上时，闯红灯、抢车道、酒后驾车等现象还是四处可见，可见具有安全意识的人仍不在多数。

而对于我们每个人身处的工作单位而言，整个企业的运转就如同是一个庞大的交通网络，如果我们不能在“路上”严格遵照规则行驶，势必会使自己的安全失去保障。而我们想要保障自己的安全，首先就需要不断强化自己的安全意识，并通过全面努力来养成自己关注安全的工作习惯。因为我们只有具备了安全意识，才能完成安全行为，从而在每时每刻保障自己的安全。至于增强安全意识的具体方法，我们可以参照以下几点内容：

(1) 建立科学的安全观念。按照美国心理学家马斯洛的相关理论，安全是人类最基本的生存需要之一，但是在日常生活中，这却是最容易被忽略的一点。大多数情况下，只有当危险来袭，我们才能够意识到安全的重要性，甚至在危险解除后，还是会失去安全观念。对于这些人来说，安全的威胁将始终与他们相伴，直到有一天危险来袭时，他们已经失去了自救的能力。

(2) 制定全面的安全规划。古语有训："预则立，不预则废。"任何事情如果能够在行动之前做好规划，成功的概率都将大幅提高，我们对于自身安全意识的培养同样如此。在此，我们首先应该清楚工作中的哪些行为存在安全隐患，以及哪些行为能够有效地保障自身安全，从而在具体的工作中对安全与否有一个充分的认识，借此积极培养安全习惯。

(3) 坚持贯彻落实。好的习惯需要坚持，安全意识的培养也不例外，当我们有了目标的指引和规划的保障后，接下来就需要进行不折不扣的落实和持续不断的坚持。如果我们找到了明确的目标，并且制定了完美的计划，最终却不能落实到位和坚持到底，那些我们所做的努力必将前功尽弃。

(4) 戒骄戒躁。培养安全意识，实际上是要建立安全习惯，而习惯的养成往往是一个漫长的过程。对此，我们要时刻告诫自己，安全意识的建立不是一个目标，而是一个过程，我们只有在具体的工作中不断强化安全意识，才能使自己真正处于一种安全的工作环境中。按照习惯养成的基本规律，首先是学习，然后是吸收，接下来是同化，最后是内化。在经过这样一个发展过程后，我们就可以具备充足的安全意识，并且养成切实的安全习惯。

与此同时，我们在生活中也应该具备各种安全常识。比如社会治安状况，我国当前正处于社会转型的特殊时期，各地区都隐匿着一些不法分子，如果我们不能提高警惕，很可能会成为他们侵犯的目标；要有贵重物品安全意识。当前社会，小偷的伎俩也在与时俱进，如果我们不能相应提高自己的安全意识，就会给小偷留下可乘之机；消防安全意识，这里主要指的是火灾。近年来，由于消防意识的单薄，我们每年因火灾死伤的人数也在持续攀升，消防安全意识的建立也就成为了重要事宜。

其余如饮食安全和案例中提到的交通安全等，只要是可能威胁我们安全的隐患，都应该成为我们高度警惕的对象。唯有如此，我们才能在工作中养成安全习惯，并最终成长为一名优秀的企业员工。

3. 警惕工作中的安全隐患

工作中的安全隐患存在于方方面面，稍有不慎就会对我们的工作安全构成威胁，这也让很多深受其苦的人仍然防不胜防。但是，这也绝不能成为我们忽略安全隐患的借口，因为对于安全隐患的放任，就是对于自身安全的不负责任，成功和幸福也会因此而与我们无缘。事实上，只要我们能够静下心仔细思考并认真对待，工作中的安全隐患还是可以得到有效的预防。当然，这也需要我们建立起科学合理的安全认识和规划。

总体来说，造成安全隐患的原因存在于三个方面，即人的原因、物的原因和环境的原因。只要我们把这三个方面的原因考虑到位，就能够有效地预防和控制安全隐患，保障自己的工作得以顺利进行。具体来讲，我们应该加强人的安全意识，确保物的质量标准，并时刻关注环境的变化因素。在理论上趋于传统和保守，在实践中又注重创新和变动，在掌握了安全隐患的发生规律之后，我们就可以做到，最终使自己的安全得到充分保障。

首先是人的因素。事实上，任何安全事故都可以追溯到人的因素，因为任何安全因素都应该掌握在人的手中，毕竟人是主观能动的，而物和环境则是客观被动的。在此，我们可以大体细分为能力不足造成的安全隐患以及认知不足造成的安全隐患。比如完成某项工作需要足够的工作技能，但是我们并不具备这种能力，这就要求我们不断提高自己的工作能力，以便在安全威胁到来时，能够游刃有余地将其解决。

再有就是认知不足造成的安全隐患，比如我们虽然完全具备某种保障工作安全的能力，但是因为我们的粗心大意、骄傲轻敌和侥幸投机等负面心理，最终就会造成工作失误。这就需要我们在工作中不断进行自我情绪和心态的调整，保证自己可以保持一种积极平和的工作心态，绝不能因为成功而得意，更不能因为得意而忘形。在职场生活中，我们都看到过一些人因低级失误而造成重大事故，究其原因，就是因为对于安全隐患的认知不足。

通常情况下，人的因素可以分为意识、习惯和外因三个方面。其中，意识指的是我们的安全观念，这需要我们通过不断学习充分认识到安全的重要性，并且树立起防患于未然的工作观念；习惯指的是保障工作安全的能力，其实，我们的工作能力会处于不断地变化中，消极面对工作会使我们的能力不断退化。做一天和尚撞一天钟，又会使我们的工作能力原地踏步。只有积极学习，才能使我们的工作能力得以不断提高；外因指的是公司管理员工的各项规章制度，通常会以处罚的方式警示员工注重安全隐患。这不仅需要我们对相关规则进行充分了解，同时也必须坚决彻底地落实到每个工作细节上。

其次是物的因素。包括我们在工作中需要使用的工具、器材和设备等，因为这些器具在设计、制造、安装和运输等环节并不受我们的控制，因此在操作过程中存在着理论上的事故概率。如果我们不能具有充分的安全意识，并且对其进行实时的安全关注，随时都有可能会出现安全事故。对此，我们需要建立完善的机器使用和维修规则，并且在实际操作中不折不扣地执行，无论是使用者还是维修者，都要具备足够的安全意识。而作为一名企业员工，我们对于可能出现的安全事故要有清晰的认识，确保能够对事故发生前的征兆进行准确和及时的察觉，即使不幸发生安全事故，至少也要有应急的意识和能力。

最后是环境因素。这其实是人和物两种因素的综合体。众所周知，任何事物都处于不断变化之中，工作环境由人和机器两大变量组成，对于我们每个人来说，无疑都充满了各种变数。但是从长远角度来看，环境的变化又必然处于一定的规律中。为此，我们在面对事物时，就要建立起足够长远的审视目光，切勿因一时的得意而忽略了长期隐藏的安全隐患。比如我们在面对工作中的一些细节时，可能因为其过于微不足道而放松了警惕，并且在当时确信自己下次不会如此。但是所谓“缺口一开，溃堤千里”，一个人走向堕落和失败，往往就是因为一个看似毫不起眼的决定。这些都是环境因素可能造成的安全隐患。

现实工作中，也许很多人对于处理安全防患会感到茫然无措，不知道具体的工作应该怎样去抓。事实上，我们在工作中对于每一项安全细节的关注，都是在有效地避免安全事故的发生。很多安全措施看似平淡无奇，但是一旦发生意外，很可能就会成为我们的救命稻草。我们在事故发生后，大多有过这样的感触，即只要导致事故发生的诸多因素中有一点不成立，也不至于造成最后的严重后果。但就是因为安全意识的匮乏，很多人都会在工作中无视安全隐患的发生和发展，直到事故发生才后悔莫及。

现实工作中的教训早已表明，任何放松安全警惕的行为都将付出惨重的代价，即使安全隐患一时并没有对我们的工作安全形成实质的威胁，它也会像一把利剑悬在我们的头顶，随时可能结果了我们的性命。因此，为了避免自己成为别人口中的失败案例，我们必须警惕工作中可能存在的每一个安全隐患，切实做到随时随地进行安全关注，不放过任何一个可能威胁工作安全的细节。唯有如此，我们才能在安全意识的促使下，最终建立安全习惯，从而全面深入地保障自身工作安全，有效避免因工作隐患而造成重大失误和责任事故。

4.

注重细节,从小处着手养成安全好习惯

古语有训:“千里之堤,溃于蚁穴。”并不是说一道大堤会因为一个蚁穴而崩溃,而是阐明了忽略细节和麻痹大意的可怕程度。因为我们在工作中一旦失去对相关细节的关注,就会造成很多微小的疏漏,所谓习惯成自然,即使我们对于细节的疏漏暂时不会导致失误,量变也迟早会引发质变,届时后果就会不堪设想。美国著名银行家洛克菲勒曾经说过,“100－1＝99 的数学公式,并不适用于每个行业和领域,因为在金融行业中,即使是 1％的工作失误,也会造成 100％的工作失败。”在我们的现实工作中,这个数学公式大多时候也不适用,尤其是对于一些安全保障工作,细节的关注往往是工作中最重要的环节,因为一些致命的安全隐患,恰恰就隐藏在细节当中。

一架波音客机的所有零部件加起来超过 450 万个,但是当这架飞机起飞后,任何一个零部件都等于整架飞机的价值,以及所有乘客和机组人员的生命财产安全。我们由此可以看出,在安全工作中没有小事可言,甚至越是小事越容易被忽略,反而越容易造成重大事故。比如在铁路部门中,有一个工种叫作“查道钉”,工作人员需要徒步手敲,检查安装在铁轨上的每个螺丝钉,如果有松动现象必须立即进行加固处理。我们可以想象一下,漫布在铁轨上的螺丝钉必然是一个天文数字。但是哪怕有一个螺丝钉松动了,都可能造成列车的脱轨,细节对于安全的重要性,由此可见一斑。

我们在工作中出现工作失误,甚至导致重大后果,也有很多时候是因为缺乏对细节的关注。事后想想,只要自己当时多想一点,多做一点,完全不会造成最终的工作失误,至少不会造成过于严重的后果。当我们意识到这一点的时候,需要做的事情绝不是扼腕叹息,而是从已经发生的工作失误中吸取教训,培养自己的安全意识,建立自己的安全习惯,确保在日后的工作中不会出现类似的失误。对此,我们必须清楚地认识到,在具体的工作中,一顶安全帽、一条安全带、一双绝缘鞋等再平凡不过的工具,关键时刻却可以救人一命。

洛克希德·马丁公司是美国航空航天制造业巨头,是美国空军第一大供应商,同时也是占全球航空市场份额最大的公司。时至2012年,该公司雇员超过15万人,业务遍及全球数十个国家和地区,年营业额超过420亿美元。我们所熟知的F—22猛禽战斗机,以及C—130大力神运输机等,都出自洛克希德·马丁公司的手笔。

在经营之道上,洛克希德·马丁公司现任总裁Robert J·Stevens表示:“除了强大的技术团队和庞大的销售网络之外,注重安全细节一直是我们的追求目标。航空事业对于安全系数的特殊要求不言而喻,我们正是在安全工作上做到了零事故率,才保障了公司在市场竞争中的强劲动力。”

Robert J·Stevens是这么说的,同时也是这么做的,在就任洛克希德·马丁公司的总裁之后,他着重打造公司的产品安全品牌,并且借此成功击败波音公司,一举拿下2008年的美国国防部8亿美元的巨额订单。此举被视为洛克希德·马丁公司重塑辉煌的开端,Robert J·Stevens也因此成就了自己的重大功绩,一时声名鹊起。

而对于公司内部的管理,Robert J·Stevens同样十分关注细节,并且将这种关注成功传递给了每一位员工。

进入洛克希德·马丁公司大型会议现场的记者都曾感到不解,在他们的会议现场,永远都会有一个座位的标志非常醒目。而坐在上面的人既不是公司领导,也不是重要来宾,而只是会场的安全保卫人员,对于大楼内的所有情况都非常熟悉。这个人对于会议的内容漠不关心,却时刻观察着场内的情况,一旦出现意外情况，就会立即引导大家撤离现场。

2001年9月11日，震惊全球的恐怖袭击降临在美国人头上，美国纽约标志性建筑世贸大厦先后被恐怖分子劫持的客机撞毁。当时，洛克希德·马丁公司的一个大型会议就在大厦内进行，由于该公司对安全工作细节的充分重视，与会人员在疏导员的引导下顺利逃离大厦，成为整个事件中唯一一家全员安全撤离灾难现场的公司。

除此之外，洛克希德公司对于安全细节的关注，已经到了让人咋舌的地步。在下发到每个分公司的安全条例中，都有诸如"削尖的铅笔不能随身携带"、"说话和发笑时不能饮食"、"坐电梯时必须扶扶手"和"眼镜必须放在盒子内"等规定，各种"繁文缛节"可谓数不胜数。

也许在外人看来，洛克希德·马丁公司的员工对于这些细节要求必定叫苦不迭。但实际上却恰恰相反，每个洛克希德·马丁公司的员工不仅都能够严格遵守相关规定，而且还以此为荣，并且将安全细节带到了自己的生活中。

众所周知，生存是我们活在世上的第一需求，而安全又是我们生存的第一需求。洛克希德·马丁公司正是清楚地认识到了这一点，才能够正确制定自己的经营理念，从而在市场竞争中长久立于不败之地。在我们的现实工作中，对于安全细节的关注同样重要，只要我们能够将每一个安全细节关注到位，就能够保障自己的工作安全，同时让自己变得越来越优秀，并最终取得理想的职业发展。

我们在培养自己的安全意识和建立自己的安全习惯时，也应该首先从关注安全细节开始，对于关乎安全要务的细节必须反复查证考核，确保将安全隐患扼杀在萌芽状态。与此同时，我们还要培养自己具有居安思危和防微杜渐的工作意识，避免在日常工作中出现任何安全细节上的疏漏。对于那些从事安全管理工作的员工来说，则更应该在细节理念的保障下，建立起科学有效的安全管理制度，全面杜绝因细节疏漏而造成安全隐患的发生和发展。

在我们的具体工作中，也许有些细节确实微不足道，所以很多人都会选择放任自己无视这些细节。但是习惯成自然，那些看似微不足道的细节疏漏，最终会让我们养成疏忽安全细节的工作习惯，如此到了关键时刻，我们的不良工作习惯必然会造成重大损失。所以我们必须谨记，现实工作中哪怕只是一丝的马虎和一毫的大意，都可能是我们走向重大工作失误的开始，都可能给我们带来终生的遗憾和不尽的悔恨。为此，我们在具备了建立安全工作习惯的意识后，必须以关注安全细节的方式来完成相关职业修为，最终让安全工作成为自己的职业习惯。

5. 安全责任，重在落实

安全责任的建立并不意味着安全保障的存在，因为只有将安全责任落实到位，工作安全才能得到真正的保障。我们也只有将安全责任落实到位，才能真正体会到责任的价值，并且从中受益。众所周知，生命安全是我们从事一切活动的前提，因此，安全责任也就成了我们生命安全的守护天使。如果我们在实际工作中忽视了安全责任的落实，那么就等于失去了自己生命安全的保障，所谓安全责任也就成为一纸空谈。倘若如此，不仅我们的工作状态难以保障，工作能力无法提高，而且职业发展也会埋下诸多隐患，甚至威胁到自己的生命安全。

事实上，很多公司都将安全责任视为企业发展的重中之重，安全保障工作也不惜花费大力气去做。但是，安全工作的关键在于经常讲、经常抓和经常查，以确保安全工作系统的有效运行，促使安全责任落实到每一处工作细节中。所谓“安全系于责任，责任重在落实”，二者本是一种相互依存，并且相互促进的关系，如果我们建立了安全责任却不能落实，那么已经建立的安全责任也会一点点逝去；相反，如果我们只是埋头工作，不能建立科学合理的安全责任，那么我们的工作质量将很难保障，工作激情也无法长久保持。

此外，安全责任的重要性必须引起我们的深刻警醒。在现实工作中，哪怕只是一丝安全责任的疏忽都可能会造成血淋淋的教训。我们在历史和社会中看到的那些个人的失败、家庭的破碎、企业的衰亡，甚至国家的陷落，往往都是在安全责任环节出现了疏忽。古语讲“前车之覆，后车之鉴”，如果我们不能在这些人的身上吸取教训，那么我们迟早会成为别人吸取教训的对象。因此我们应该牢记，责任增多一分，落实彻底一些，安全工作就可以得到更多保障，安全事故也自然可以远离我们的世界。

深圳第二汽车制造公司曾经是一家作风散漫、效率低下的公司，由于公司领导的工作能力不尽如人意，导致公司经营长期处于混乱状态。作为一家国营单位，不仅无法为国家创造经济效益，反而每年都需要国家进行经济援助才能艰难度日。而更为严重的问题是，该公司产品的质量也得不到保障，公司产品所造成的安全事故频频出现，受到客户投诉也成了家常便饭，眼看着就要走上绝路。

为了使公司经营得到起色，2012年3月14日，公司实行股份制改革，原公司领导也被新任经理替代。最初，公司员工都以为新任领导会进行大刀阔斧的改革，这也让所有员工的内心当中都存有一丝不安，导致整个公司的“军心浮动”。对此，新任经理及时召开全体员工大会，表明当前的管理制度和人事安排都不会做任何变动，要求每名员工完成自己既定的工作任务即可。

对于公司的管理制度和人事安排不做改变，那么公司的作风和效率又如何改进呢？几乎所有员工对于新任经理的承诺都打了问号，甚至有人认为他也是一个混日子的糊涂虫。然而让所有人感到意外的事情发生了，管理制度还是原来的管理制度，管理团队还是原来的管理团队，而工作作风却最终得以焕然一新。

原来，新任经理在对公司现状进行了解后，发现上级领导为公司制定的发展计划非常完美，之所以出现一系列负面结果，就是因为发展计划在落实阶段被大打折扣。新任经理为了改变这种风气，上任之后首先以身垂范，每天都是任劳任怨地工作，坚决把每一份工作责任都落实到位，一改上任经理混吃等死的恶劣工作习气。

结果不难想象，身为公司“一把手”的领导都已经身先士卒，中层领导也就没有好吃懒做的道理，公司的整个管理团队很快得以高效运转起来。与此同时，新任经理找准管理切入点，严抓、狠抓公司的产品安全，最终使公司产品连续三个季度保持零事故率，得到了商家和用户的一致好评。当然，深圳二汽能够取得如此成果，不仅新任经理的工作能力得到了广泛认可，整个公司或者说所有员工的工作能力也得到了全面肯定。

在此我们可以看出，新任经理的制胜绝招只有两个字——落实，结果只用了不到一年的时间就促成了公司的转变。所以，我们在自己的工作中也必须要注重落实，因为一项工作计划即使制定得再完美，最终也必须要依靠落实来证明其价值。如果在落实过程中被打了折扣，那么最终的结果必定不尽如人意。这其中，尤其是对于安全工作来说，哪怕只是一个细节的疏忽，最终造成的恶劣后果都可能是无法估计并难以挽回的。对此，很多企业对于安全工作的管理不仅形成制度规定，而且责任分摊到个人，客观强迫安全工作人员必须认真负责，并且将每一份安全责任落实到位。

我们在面对责任和落实这两样职业修为时，应该在整体上把握“从大处着眼和从小处着手”的方略，使自己时刻清楚地认识到，安全责任的建立需要依赖全局意识，只有建立了如此高度的审视目光，才能保障安全责任的建立；而责任的落实又必须从每一处工作细节入手，因为只有当我们完成了对每个细节的关注，才能排除所有安全隐患，从而全面保障自己的工作安全。

安全工作需要我们切实建立起安全责任，但安全责任的建立绝不是目的，而是要我们将这份责任落实到每一项工作中去。在此我们应该清楚一点，我们的安全责任意识，不仅是对工作效率的保障，同时也是我们对家人和朋友等身边人的负责任，更是我们对自己人生幸福的负责任。如果我们不能切实做到安全责任的落实，那么安全责任的建立就会失去意义，实际上，那也根本不是真正意义上的安全责任。所以，我们在日常的工作中不但要建立起安全责任，更要将安全责任落实到位，如此我们不仅能够更好地完成工作，同时也可以让自己的工作能力不断得到提高，并且最终成长为一名优秀的企业员工。

6. 违章操作等于自杀，违章指挥形同谋杀

安全工作绝不是某个人或某个部门，以及某个公司领导的责任，而是需要加入工作环境中的每个人都提高警惕。所谓“安全工作，人人有责”在我们的整个工作流程中，任何环节出现安全纰漏都可能会造成严重的安全事故。因此，我们只有充分承担起属于自己的安全责任，不放过任何一个疑点，不忽略任何一个隐患，才能真正保障自己处于安全的工作环境中。如果我们不能做到这一点，就是对自身安全的不负责任，性质无异于自杀；如果我们身为公司领导，则是对所有员工的安全不负责任，性质等同于谋杀他人。

对于一家公司来说，安全的工作环境不仅需要制度的保障，同时也需要领导的监督。我们在现实工作中出现的一些安全事故，往往并不是一时的疏忽大意所致，而是由长时间的不良习惯所造成。当我们在回首这些安全事故的时候，发现公司有明确的安全规则，监督工作也有明确的人员负责。但是由于长时间的安逸状态，负责监督安全工作的人便不自觉地放松了警惕，员工也因为麻痹大意和侥幸投机等不良习惯而忽略了工作中的安全隐患。因此，我们对于工作中的安全问题必须时时抓、严格抓，当成一份日常性的工作去完成，哪怕公司已经长时间没有出现过任何安全事故。

此外，安全工作的保障更需要每名企业员工积极参与其中。毕竟，一旦出现安全事故，处于工作基层的员工损失很可能会最大。比如 2011 年在天津富士康分公司发生的安全事故，一名员工为了躲避领导检查，冒险在夜间翻墙外出，结果不慎坠落身亡。虽然最后公司对员工家属进行了赔偿，但是死者的生命再也无法挽回，家人的悲痛也无法化解，公司的管理反而因为这次事故而得到了改善和加强。事实上，每个人都知道翻墙外出的危险性，但是由于每天晚上都有员工翻墙外出，大家的安全意识开始逐渐放松，最终导致集体对安全隐患的熟视无睹。

府谷煤矿是陕西省重要的产煤大户，由于较早实行规范化管理，以及先期领导层对于安全生产的重视，该煤矿长期作为全国安全生产模范出现在各大安全会议上，由此产生的经济效益也颇为可观。然而，在如此巨大光环的笼罩下，后期的领导在享受前任工作成果的同时，却逐渐放松了对煤矿安全工作的监督。一些极个别的基层领导，居然公开宣称煤矿开采就是一个危险工作，怕危险就不要参加这项工作。

久而久之，府谷煤矿的安全制度形同虚设，负责安全的工作人员甚至在工作时间打牌消遣。而更为严重的问题是，每天下井劳动的工人也渐渐失去了安全意识，不仅保障安全的装备都丢到了一边，违规操作的现象也越来越严重，很多工人已经完全失去了安全意识，各种安全隐患逐渐积累到无以复加的地步。

2012 年 8 月 16 日，一名矿工在操作绞车时没有启动保险闸，造成绞车脱索后立即失去控制，以惊人的速度冲下坑道。而由于类似情况已经长时间没有发生，加上安全培训工作的疏漏，处在下方坑道的工人居然不知道躲进安全洞，以至于造成了一死两伤的重大安全事故。不幸的是，这还仅仅是一个开始，由于该事件未能及时引起相关负责人的重视，同年 9 月 10 日，同样的悲剧再次上演。紧接着，由于吊索的使用寿命终结，相同事故接二连三地发生，直到该煤矿被国家安监部门直接叫停生产。

据悉，府谷煤矿自上世纪 70 年代投产以来，共发生安全事故 36 起，死亡超过百人，全部都是由于违规操作所造成。也就是说，如果这些死者能够严格按照安全规则工作，相关安全监督工作也能进展到位，最终的悲剧是完全可以避免的。但就是因为安全意识的淡薄，造成了一次次的违规操作，不仅让很多员工失去了自己宝贵的性命，同时也让家人的生活和公司的运转深受其累。

在我们的职场生活中，安全事故的发生通常就是这样一个发展过程，开始的时候大家警惕性都很高，安全事故的出现概率极其微小。但是随着大家警惕性的放松，安全隐患会越来越多，直到安全事故的出现。然后因为一次安全事故的发生，大家再一次提高警惕，工作环境也重新回到安全阶段，大家的安全意识也再次被提高，如此往复循环。对此，如果我们不想成为安全事故的牺牲品，就要时刻提高自己的安全意识，坚决遵守公司的各项安全规则，全面承担起自己的工作职责。

安全工作所造成的损失，不仅是可见的人员伤亡和经济赔偿，对于死伤者的家属来说，同样是一场噩梦。尤其是一些重大安全事故，很可能一个人的伤亡就会导致一个家庭的破碎，比如年轻的妻子失去丈夫，年幼的孩子失去父母，年老的父母失去儿女，都是无法补救的伤痛。从这一点来看，安全事故所造成的经济损失微不足道，但对死者亲友造成的伤害才是最严重的。

但是如果有人在工作中无视安全问题，从而导致习惯性违规操作，那么最终所造成的死亡，很可能是直接的、可见的，并且是根本无法挽回的。

所以，我们在日常的工作中必须密切关注工作安全问题，对于任何安全隐患都绝不能掉以轻心，毕竟生命对于我们来说才是最宝贵的。如果我们是一名负责安全管理工作的负责人，那么我们肩负的安全责任将不止涉及我们个人的安危和利益，还会直接关乎每个企业员工的身家性命，甚至决定整个企业的兴衰成败。因此，我们在工作过程中必须严格按照安全规定进行操作，全面培养自己的安全意识，坚决养成良好的安全习惯，时时刻刻肩负起自己的安全责任。

第八章

注重着装:遵守企业着装规定,争当企业良好形象代言人

俗话说:“人靠衣装马靠鞍。”没有人会喜欢一个穿着邋遢的人。而我们身为企业员工,一旦走出公司大门,所代表的就是公司的形象,我们的穿着是否干净得体,将直接影响到公司形象的好坏。当然,我们保障自己的穿着得体,不仅能够为企业的形象加分,同时也可以为自己的形象加分。而且在养成着装干净得体的习惯之后,也可以促使我们在工作中养成一系列良好习惯。为此,我们甚至有必要用军人的着装和举止来要求自己。

1

优秀员工都是企业的“形象代言人”

进入现代职场,企业形象已经成为重要的市场竞争力,很多企业为了让自己的品牌叫得更响,甚至不惜花费巨资请明星代言。实际上,一种以人为本的企业形象宣传理念已经悄然出炉,并且在市场竞争中反响热烈。而以人为本的经营理念,就是要培养每一位员工的归属感、积极性和创造力,力求把每一位员工打造成企业文化的化身,从而使公司文化得到最大限度的传播,让每一位员工都成为企业的形象代言人。

一家公司如果想要做到这一点,就需要每一位员工表现优秀,培养员工也就成了企业形象宣传的重中之重。事实上,世界上很多优秀的公司都把企业发展和员工发展绑定在一起,比如我们熟知的微软公司,其对每一名员工的关心程度已经到了无以复加的地步,居然连每一位员工的生活细节都会考虑到位。在比尔·盖茨看来,员工就是公司的财富,因此也必须把员工当成财富来经营,所以微软不仅在聘用员工时严格筛选,培养过程中也非常严格。当然,一旦有员工能够胜任自己的工作,确切地说是得到了微软公司的认可,那么他所得到的回报也将是无比丰厚的。

再比如同样来自美国的 IT 巨头 IBM 公司,所有员工一旦达到入职标准,都会得到公司提供的职业发展指导。这份指导非常专业,不仅由公司聘请专业人士制定,而且会深入结合 IBM 公司的整体发展,能够切实将公司的发展和每一名员工的个人发展紧密联系起来,从而促使员工对于企业的发展能够密切关注,并积极贡献自己的力量。内容包括专业和管理两大发展方向,除了由资深的公司元老进行实践指导,还有专业的博士导师进行理论培养，使得每一位进入 IBM 公司工作的员工不仅能够找到家的感觉，而且像是进入了一所大学。

美国石油大亨阿基勃最初只是标准石油公司的一名小职员，但是他不仅在工作中保持高涨的工作激情，而且在工作之余也经常以公司的利益为最高准则。在参加所有社交活动的时候，阿基勃永远都是西装革履，看上去就像是一个派头十足的银行家，风头经常超过很多真正的大老板。

然而对于阿基勃来说，这样的做法还远远不够，在来宾签名单上，他永远都会在自己的名字前面写上公司的名称，即美国标准石油公司，并且写上“每桶只售 4 美元”的宣传标语。事实上，这样的做法最初只是公司的一次会议要求，但是当时间久了以后，其他同事都忘记了这样的做法，阿基勃却能够始终如一。

很快，阿基勃的做法开始引起很多人的注意，一些和阿基勃不太熟悉的人甚至不知道他的真实姓名，只是戏称他为“4 美元”。不过，阿基勃对此却丝毫不在意，甚至以能够得到这个外号而沾沾自喜，向陌生人做自我介绍的时候，阿基勃甚至会主动说出“4 美元”的外号。如此一来，阿基勃“4 美元”的外号越叫越响，经常有一些根本不熟悉他的人，也会大声呼喊他的名字，从而在人群中引来一阵哄笑。

后来，这件事传到了时任美国标准石油公司总裁洛克菲勒的耳朵里，在得知阿基勃始终在坚持宣传公司的品牌后，他亲自接见了阿基勃。宴请中，洛克菲勒对阿基勃说：“我知道别人戏称你为‘4 美元’是对你极大的不尊重，可是你还是乐此不疲，能告诉我这是为什么吗？”阿基勃说：“每当有人叫我‘4 美元’的时候，就免费为我们的公司做了一次宣传，这必定能够让我们公司的知名度越来越高。至于我个人的得失又有什么关系呢？而且据我所知，我的这个外号让我很受大家欢迎呢！”

阿基勃这种为企业代言的精神打动了洛克菲勒，同时也保

障了他在日后的工作中能够不断提高自己的综合能力，最终顺利成为了美国标准石油公司的总裁，并带领该公司在全球石油行业取得了辉煌成绩。

众所周知，任何一家公司的成长和发展都离不开灵魂人物的带领，但是在很多人看来，这个灵魂人物只能是公司的最高领导。而实际上，只要我们能够建立起为企业代言的工作精神，灵魂人物可以是公司的每一位企业员工，哪怕我们只是一个非常不起眼的小职员。这就如同孔子创造了儒家精神，而儒家精神的传承和发扬，却需要所有儒家弟子的共同努力。其中一些比较优秀的人物，如孟子和荀子，同样也可以成为儒家的代言人，并且能够深深影响到后代人。

在实际工作中，我们也只有把自己当成企业的代言人来经营才能使自己越来越优秀，尤其是当我们走出公司之后，我们的一言一行都将代表着自己的公司形象。为此，我们必须要尽力雕琢自己的个人形象，尤其是对于自己形象塑造最重要的外在着装，绝对不能因为任何原因而穿得不够得体，甚至出现污渍和油渍等脏乱痕迹。只要我们能够做到这一点，就能够像案例中提到的阿基勃一样，在为公司创造品牌价值的同时，也使自己的价值最终得到体现。

除此之外，优秀的员工还可以带动自己的所有同事共同走向优秀，所谓“榜样的力量是无穷的”，一个具有典范工作精神的员工，无疑将会成为公司的核心价值和财富。这就如同雷锋、焦裕禄和杨善洲等光辉榜样一样，总能够深深影响着一代人，从而为社会铸造和传递一份宝贵的正能量。而对于我们每个企业员工来说，不一定要承担如此重大的责任，但是对于公司形象的关注，还是应该与自己的个人成长密切关联起来，至少不能因为自己的失败而有损公司的形象。

我们应该知道，企业文化是每家公司的核心价值，而每一名员工又是企业文化的承载者和传播者。所以，我们只有用模范员工的标准要求自己，才能让自己最终成为公司的一面旗帜，并且随时随地为公司代言，为公司的品牌增值。而且在此过程中，我们也可以不断增强自己的荣誉感，从而保障自己能够越来越优秀。如果我们想要做到这一点,首先就要从关注自己的着装开始,从而确保自己的形象能够时刻保持正面和积极的作用,用完美的表现为公司代言。

2. 遵守企业着装规定也是一种敬业的体现

对于任何一家企业来说,管理工作都是关乎生死存亡的重大事情,而当我们想要了解一家企业的管理能力时,根本不需要深入地进行调查,仅仅从该企业员工的着装上,就可以窥见一二。对于那些管理工作到位的企业来说,员工的着装必定统一整洁,因为穿着工作服通常是一家公司最基本的管理要求;如果一家公司的管理工作比较松散,那么其管理能力也会在着装上表现出来。一项非常有意思的社会调查发现,对于一所学校来说,如果所有学生都按照要求统一穿着校服,那么该校学生的成绩会非常优秀;相反,如果学生们穿得五花八门,那么该校学生的成绩则普遍较差,甚至弥漫着诸多不良风气。

事实上,对于很多特殊性质的工作来说,遵守企业着装规定不仅是对公司管理的服从,以及职业素养的表现,同时也是对自身安全的保障。比如我们熟知的医药行业,尤其是需要和很多病患接触的医生和护士,工作过程中潜伏着很多危险,如果不能严格按照医院的规定进行着装,首先是一种不专业的表现,其次也可能会使自己的健康甚至生命安全失去保障。但是有些员工就是不能对此形成足够的认识,甚至很多员工还自恃功高,以不穿工装为荣,实际上非但不能给自己的职业发展带来帮助,还会给公司的管理工作造成负面影响。

也许有人会说,工装对于工作来说关系不大,是否按照公司规定着装并不会对工作造成什么影响，甚至认为统一着装还会扼杀员工的自由天性。其实，大多数工作都是没有自由可言的，完成工作也根本没有这个必要。我们选择了工作，并且期待得到薪酬，就意味着我们要付出相应的时间和精力，这是一种责任和义务。况且，细节决定成败，按公司规定着装看似无关紧要，却能够体现出员工对于企业文化的认同与否。如果认同，公司的各项规章制度都会被员工主动遵守；如果不认同，哪怕公司各项制度的执行和监督力度再大，也总会有一些员工我行我素。

2013年元旦前夕，湖南长沙瑞芯铅笔制造公司遵照常例，开始准备召开元旦庆祝晚会。在晚会上，除了主持人由公司邀请明星嘉宾担当之外，其他所有节目全部由公司员工自行排演，最终胜出的节目组成员将会得到一份旅行奖励。

周海昌领导的第三工作组对于公司设定的各项荣誉向来当仁不让，何况这次还可以得到一份旅行奖励，可谓名利双收。经过一番策划，周海昌最终决定让全体组员全部参演节目，集体合唱一首劳动歌曲。然而，排练过程却并不像周海昌想象的那么顺利，由于缺乏相关音乐方面的知识，排练工作在第一阶段就卡住了。不要说难度最大的高低音协作完成部分，即使最简单的合唱部分都难以统一。眼看元旦日期临近，排练工作的进展却非常有限。

关键时刻，周海昌及时转换了思路，开始用管理工作的方法进行排演。首先，他为所有组员定制了统一的节目服装，结果还没等周海昌推进下一步计划，节目排演就已经有了很大的改观。随即，周海昌趁热打铁，一口气将整个节目排演完成，虽然并没有成为元旦当晚最受欢迎的节目，但在元旦晚会上还是取得了不错的观众反响。

原来，在节目排演之初，大家各有各的心思，经常因为不同的着装就聊上很长时间，注意力根本不在节目的排演上。完成节目服装统一后，大家的服装全部相同，心思也终于全部归拢到了节目的排演上。意识到这一点后，周海昌在工作中也开始关注员工穿着工装的管理工作，经过一段时间的监督，果然在工作中收到了良好的效果。

对于每一位员工来说，工装就代表着公司，一名员工对待自己的工装是什么态度，就意味着他对待公司是什么态度。如果一名员工热爱自己的企业，他就会以穿着工装为荣，从而对工装爱护有加，每天都会保持工装的干净整洁，穿着时也会精神抖擞。对于这些员工来说，一定具备爱岗敬业精神，他们在工作中也一定能够尽职尽责，坚决遵从和执行每一项管理制度；如果一名员工对工作只是敷衍了事，那么他的工装难免会脏、乱，甚至根本就不愿穿工装，一有机会就要穿自己的衣服。对于这样的员工来说，他们不可能热爱自己的工作，多数也会在工作中逃避自己的责任，敬业精神就更加无从谈起了。

与此同时，我们按照公司要求穿着工装，并不是完全没有办法彰显个人魅力。有些员工在平时比较注重穿衣搭配，即使和同事穿着相同的工装，也总能搭配一些不同的饰品，借以凸显出自己的个性。如此一来，既服从了公司相关穿着工装的要求，同时也能够尽量展现出自己与众不同的一面。尤其是对于那些个性确实独特的员工来说，在千篇一律的工装上创造出自己的特色，甚至能够让他们更加具有成就感。其中更关键的一点在于，当我们能够珍视自己的工装后，也会更加热爱自己的工作，并最终培养自己的敬业精神。

所以，穿着工装虽然事小，其中的深意却值得无限思索。如果我们想要成为一名合格的企业员工，遵守企业的着装规定，就成了职业发展的必修课。在现实工作中，无论我们出于什么原因想要脱掉工装，都应该想想这样做可能对自己造成的负面影响。而且对于工装来说，其实它更像是军人的军装，穿在身上的时候并没有什么特别的感觉，但是当有一天我们必须把它脱下来的时候，还是会如同失去亲人一样难过。当然，这个时候，我们已经对自己的工作产生了深厚的感情，敬业精神也早已达到了无以复加的高度。

3. 规范 VS 技巧:必须掌握的职场服饰礼仪

在职场生活中,一个人的着装不仅是其职业素养的体现,同时也是其审美观念的标志,还会关系到企业形象的优劣。对此,虽然我们在与人交往的过程中不能以貌取人,但是外在形象毕竟是给人的第一印象,我们保持一个良好的个人形象,在现代职场礼仪中已经不仅是对自身形象的维护,同时也是对人的一种尊重。比如,我们出席某正规场合的活动,绝对不能以拖鞋短裤和蓬头垢面示人,职场生活中虽然不至于夸张至此,但是如果我们不能对相关礼仪有所了解,造成的后果很可能比这更严重。

因此,如果我们想让自己成为一名合格的企业员工,怎样保障自己的着装得体就成了一门必修的课程。俗话说:“像不像,三分样。”我们为了让自己的职业发展能够顺利进行,虽然不能将过多精力放在外在修为上,但是对基本的职场着装规范和技巧还是要有所了解。如此一来,我们在提高个人形象的同时,也能够更好地为自己的职业发展提供保障,甚至成为公司形象的代言人。相关修为的具体内容,我们可以参考以下四点:

首先,着装要符合自己的身份。这里主要包括两个方面,一是不能太随意,比如在炎热的夏季,人们通常会穿着比较简单的衣服,短衣短裤甚至裤衩背心随处可见。但是如果我们是一名职场人士,这样的着装显然不合适,因为如果我们想要取得别人的认可,最好穿着正装或套装等职业服饰;另一方面,我们在着装时不能太夸张,这里主要是指服饰档次的选择。比如我们的领导穿着一套价值 1 万元的西装,我们的同事基本上也都穿着 3000 元左右的服装,而我们却非要穿着 10 万元以上的西装,这样不仅不会为自己的形象加分,还会让自己成为“众矢之的”。

而对于职场女性来说,着装则不宜太过暴露,哪怕对自己的身材再有自信。但是与此同时,职场女性的着装也不能过于保守,应该在主流的基础上，适当凸显出自己的优点。因为太过暴露会让人觉得轻浮，太过保守又会让人觉得死板。作为世界著名高档消费品牌的古驰公司，一项宣扬“奢华的低调”，这实际上指的不仅仅是服饰，更是一种彰显自身魅力的着装原则，基本上适用于所有职场女性。

其次，着装要注意扬长避短，并且重在避短。作为一名成熟的职场人士，我们一定要知道自身体貌的长处和短处，在选择着装的时候，长处自然要多加凸显，而短处则应该多加规避。当然，我们这样做并不是要让自己变得虚荣甚至虚伪，而是要把自己最好的一面展现给别人，同时保障自己赢得成功的概率能够拓展到最大。实事求是地说，我们在大街上看到那些光鲜亮丽的职场人士，难道他们的体貌全都完美无缺吗？答案当然是否定的，大多数人的魅力并非单纯来源于天资，而恰恰是因为他们懂得如何穿衣打扮。

比如我们以简单的项链为例，在现实生活中，任何一条精致的项链在作为商品摆放出售时，无疑都是非常精美的。但是有些人把项链戴在脖颈上，会为自己的形象加分不少，而有些人在戴上项链之后，本来不错的体貌，却反而难看了。而对于那些体貌资质本来就比较差的人来说，更是会让人生出东施效颦的感觉，最终的结果很可能是怎么看怎么俗。事实上，如果我们的脖颈比较细长，可以选择佩戴一些比较短粗的项链；如果自己的脖颈比较粗短，那么只能选择佩戴一些比较细长的项链。

再者，着装要遵守惯例。每个人都有凸显自己个性的欲望，但是如果个性的凸显不能遵循内在规律，则很可能会出现适得其反的效果。从专业角度来讲，任何一次流行风尚的形成，都不可能突然出现，而是必然遵循一个由量变引发质变的缓慢过程，这就是为什么时尚界每隔一段时间会出现复古风潮的原因。实际上，时尚也是一个怪圈儿，我们只有了解了时尚的发展规律，并且能够切实遵循这种规律，才能在此基础上凸显出自己的个性，甚至引领时尚风潮。

以领带夹为例，虽然大多数人并不需要领带夹，但是为了避免在出席户外活动时领带乱飞，我们还是应该为自己准备一个领带夹。至于领带夹的使用，最讲究的莫过于夹在领带上的位置，通常来讲，宜于夹在黄金分割点的位置，即从上往下 2/3 的位置，或者从下往上 1/3 的位置。如果我们想让自己的领带夹位置更精确，则可以选择穿着主流的七粒扣衬衫，然后在扎好领带后，把领带夹夹在第四和第五颗衣扣正中间的位置。接下来，在扣上西装的纽扣后，要确保领带夹只露出一点点，最多不能超过领带夹的标志。这样一来，不仅可以让领带夹的实际功用得到体现，还能够让我们的着装增加一大亮点。

最后，着装要区分场合。通常情况下，一个成熟的职场人士会在每个季节分别为自己准备几套完美服饰，这并不是出于奢华目的，而是要将自己的形象打造到最佳状态。这里存在一个再简单不过的道理，即我们在工作中穿着一套完美的西装，自己的形象必定会加分，但是如果我们在和朋友聊天的时候仍然西装革履，则只能让所有人都感到不自然。所以，我们在职场和生活中要形成根据场合着装的意识，保证在正规的场合穿着正统服饰，在相对轻松的场合，则应该多选择一些休闲类的服饰。

对于这一点，西方社会普遍要比我们做得好一些。比如去过西方国家的朋友都可以看到，在欧美国家的大街上，极少能够看到穿着正装的人，而且就算是这些极少数穿着正装的人，也是要么在赶去上班的路上，要么是出外勤的工作人员。但是很多国人在西方国家旅游观光的时候都西装革履，原因就是因为他们不能根据场合选择自己的着装，错误地认为适合职场环境的着装就是最完美的选择，甚至不具备基本的着装意识。

所以，我们在职场生活中一定要了解相应的着装规范和技巧，因为这不仅关乎我们的个人形象和公司形象，同时也代表着我们的职业素养。因为错误的穿衣搭配很可能会让别人接收到不友好的信息，很容易会被整个社交场所的人所排斥。如此一来，我们就会以一个不专业的形象示人，职场活动必将难以为继，最终也无法实现自己预期的理想和目标。

4.

不同的年龄段，不同的穿衣打扮

我们在不同的年龄阶段会有不同的体貌特质显现，如果我们在选择服装的时候，能够依据自己的年龄进行，则必定可以产生相得益彰的效果。事实上，我们每个人都有自己的体貌特质，关键就在于我们能否将这份特质找出来，并且加以雕琢和彰显。如果我们可以做到这一点，那么对于服装的选择，也就有了基础和依据。因为所谓服装，也会由设计师赋予一定的特质，当我们看到一件自己喜欢的衣服时，如果能够对于相关着装规律有所了解，自然能够判断出它是否和自己的体貌特质相吻合。

不过，着装的选择还要遵循一定的常规，否则我们对于个性的追求，反而会落入俗套。何况我们是为了职场生活选择服装，更主要的目的是为了得到别人的认可甚至赞赏，从而使自己的职业发展得到帮助。因此，即使我们并不喜欢主流的职场服饰，也要对这类服饰进行了解，并最终能够为自己选择一种风格以及若干款型。当然，这样说并不是让我们扼杀自己的着装个性，而是要在不违反着装常规的基础上，保持和自己的朋友圈儿不冲突，然后在这个基础上塑造自己独特的形象和特质。

张鱼出生在台湾基隆，是一名中韩混血儿，虽然天生丽质，但是由于家教过严，她的着装向来比较保守。大学期间，张鱼虽然得到了一点“解放”，但是一门心思都扑在学习上的她，仍然在着装问题上非常保守。以至于年龄只有十几岁的她，仍然穿着妈妈为她挑选的成年服装，甚至有一些根本就是她妈妈的衣服。参加工作后，张鱼呆板的形象首先在求职路上使她陷入困境，然后在世俗目光的迫使下，张鱼也因为着装俗套而被男友甩掉。

那段时间，张鱼感觉自己的整个世界都失去了色彩，体貌姣好的她甚至根本没有意识到自己其实是一个漂亮的女孩子。在她看来，自己的遭遇是因为自己不够优秀，所以她只是在工作中更加努力，对于自己的形象则从来没有考虑过。一次偶然的机会，张鱼在大街上被一名星探发现，并邀请她参加一档“灰姑娘变白雪公主”的化妆节目。张鱼对自己的体貌向来没有自信，但是因为星探的一再邀请，最终她还是参加了这档节目。

节目现场，张鱼呆板、俗套的形象一出场，就受到了很多观众的嘲讽。然而，造型师早已根据张鱼的体貌特质为她设计好了造型，经过一番精心雕琢，再次出现在镜头前的张鱼把自己都吓了一跳。正如这档节目的名字那样，张鱼在经过专业的形象设计和装扮后，一举褪去了俗套的包裹，转而将靓丽的天姿展露了出来，从一个普通得不能再普通的灰姑娘，焕然成为一个清新脱俗的白雪公主。

为了将自己的魅力保持住，张鱼在造型师的帮助下开始关注自己的服饰，并且很快学到了一些基本的要领。然后在这些要领的帮助下，逐渐成了一名人见人爱的靓丽职场女性。经过如此蜕变，张鱼不仅很快找到了一份令人羡慕的工作，同时也受到了众多男同事的追求。经过必要的了解过程，一段新的恋情也降临到了张鱼的世界。

在此，我们首先需要关注的一点是着装规范，就是要在选择服装时充分考虑到自己的年龄。通常来讲，年轻人(30岁以前)的穿衣打扮基本没有什么禁忌，无论是款式和面料，还是颜色和质地，都可以根据自己的喜好大胆尝试。但是要注意，这里的尝试不是目的而是过程，当我们找到了一种适合自己的着装风格后，就要将自己的穿衣原则定下来。总体来讲，年轻人应该走纯真、清新路线，以男生为例，白衬衫、牛仔裤加白球鞋，永远是最耐看的装束。

中年人(40～50岁)则应该走性感路线，因为无论是优雅、成熟，还是高贵、冷艳等个人特质，无疑都需要一丝性感来进行支撑，毕竟我们对异性的吸引永远少不了若有若无的性感。这一点我们可以向唐朝人的着衣风格学习，无论是曹(仲达)衣出水，还是吴(道子)带当风，都充分表现出了人体的魅力所在。当然，性感的体现主要还是在气质，对于这一点，我们则应该注重日常修为。所谓“腹有诗书气自华”，我们应该多抽出时间来读一些有益于自己身心的书籍，只要我们建立起自己独立的思考能力，并且能够在自己的内心当中找到真正的自己，我们的气质就可以自然而然地流露出来。

中老年人(50～60 岁)应该走从容路线，无论是服装的线条还是颜色，都不应太过繁复。50 岁以后的人，已经过了需要外在服装辅助个人魅力的年纪，只要我们修为得当，岁月的磨砺不仅不会消去我们的风采，还会积淀属于我们的独特魅力。总体来讲，我们在这个年龄段应该选择一些线条简约的服装，各种配饰也应该以精致和低调为主。如今，科技水平日益发达，美容技术日渐成熟，50 岁的人保有 40 岁的容颜亦非难事。但是，真正能够形成魅力的还是我们的内在，只要我们有足够多的想法和足够多的阅历，就可以让自己的魅力永驻不去。

老年人(60 岁以上)绝非与服装搭配毫不相干，老年人同样需要有自己的生活，同样需要展现自己的魅力。其实，优雅不在于年龄，气质的雕琢才是永恒的魅力。我们在生活中经常可以看到一些老人，虽然年事已高，却仍有一丝光辉萦绕，不免觉出他们在年轻时一定也是倾国倾城之貌。而这些老人，他们在服装选择上有自己的独到之处，很多地方甚至是让年轻人自愧不如的。

现实生活中，虽然我们不能把大量甚至全部精力放在服装的选择上，但是让自己的装束自然得体，仍然是每个职场中人的必修课。尤其是对于不同年龄段的人们来说，专业的服装领域已经开始关注不同年龄段的消费者需求，我们当然也要对年龄段的着装原则有所了解，以确保自己不在着装问题上使自己的形象减分。

5. 不注重发型,再怎么穿也穿不出效果

在完成对着装的风格设计之后,能否找到一款适合自己的发型,对于我们的整体形象塑造就显得尤为重要了。如果能够设计合理,无疑能够为自己的形象大幅加分,反之则会让自己的形象失去光彩。事实上,发型往往能够为我们的形象塑造起到画龙点睛的作用,尤其是对于那些脸型不太理想的朋友来说,一个适当的发型,不但可以不同程度地弥补相关不足,同时还可以形成自己的独特体貌特质。

从理论上来讲,由于头发的可塑性比较强,无论我们具有什么样的脸型,都能够找到一款适合自己的发型。我们由此也可以得出结论,发型的设计主要根据自己的脸型而定,如要我们能够对相关规则有所了解,每个人都可以成为自己的形象设计师。在此基础上,如果我们能够将五官、颈长、肩宽、发色等情况进行综合考量,发型的设计还可以进一步提升我们的个人魅力。

发型的设计,主要包括两点,一是外轮廓,主要是整个头型的设计;二是内轮廓,主要是发型和脸型的搭配。其中,外轮廓的设计比较复杂,首先要保证头部和身长的比例协调,如果我们的体貌特征是身长、颈长、脸长,发型的设计也应该以中长为宜。相反,如果我们的体貌特征是身短、颈短、脸方或者脸圆,发型设计则以适中为宜,不能过长或者过短,尤其要保持发型的蓬松感,切勿将头发扎紧;内轮廓的设计主要以脸型和五官为参考对象,以方形脸为例,最好保持发梢及肩的长度,尽量减少脸部的棱角感,保证看上去能够形成脸长增加和脸宽缩减的感觉。

也许很多人会有这样的困惑,觉得发型的塑造可以交给发型师来完成,但是对于发型的保持则是个老大难问题。对此,我们可以求助发胶的帮助,只要发型师为我们设计好了发型,我们就可以用发胶长期保持。而且事实上,对于一个成熟的职场人士来说,发胶基本属于必备的日常用品之一。是否能够适当并熟练使用发胶,对于我们的发型及整体形象塑造,都具有不可忽视的积极作用。而且发胶通常还具有一定的香味,只要我们保证发胶的质量和档次,自身的魅力必定可以得到进一步提升。

至于发型设计的一些相关细节问题,我们可以参照以下几点进行学习:

(1) 长形脸。以中长发为宜,最短不能短于自己的下巴,并且不能让头发顺直下垂,应该具有一定的波浪感,以中等程度的鬈发为最佳。切忌将头发留得过短,从而使原本值得骄傲的脸型成为自己展现魅力的负担。总体上来看,长脸的发型设计,需要让脸部看上去变宽为目的。

(2)方形脸。最重要一点是要增加头发的蓬松感,头发长度以及肩为准,可以伴有些许的波浪感,但不宜过于明显。刘海的发梢可以用碎发过眉,但要保持和整体发型的协调性,如果发质较为浓密,也可以考虑采用盘发方式,使多余的头发呈现出一种装饰性效果。在此,切忌将头发留得过短,或者紧扎为一条马尾,避免让整个脸部的棱角全部展露出来。

(3)圆形脸。女生的刘海长度不宜过眉,最好只到额头的一半,头发分界以五五为佳,发梢需要烫成大波浪卷儿,下端可以过胸及腹。如果个子较矮,发长则以及肩为佳,发梢同样需要做内曲处理,从而使脸部有被拉长的感觉。如果是男士,需要尽量使两侧头发变短,顶部的头发则需要尽量留长。

(4)瓜子脸。如无特殊情况,必须保证露出前额,颧骨部分可以用下垂的头发遮盖,其余部分可以根据自己的喜好做适当处理。瓜子脸通常被称为美人脸,和最标准的鹅蛋脸相差不大,但是如果处理不当,同样会使自己的光彩大损。而且由于当前社会整形技术的发达,很多人都在追求这类脸型,原本具备瓜子脸的人美则美矣,但是反而更加难以显现出自己的魅力特点。

(5)额头较窄。可以用浓重的刘海儿遮盖整个额头,如此一来,额头也就无所谓宽窄或者不够饱满了。这种方法基本上适用于所有额头存在美观缺陷的朋友,但是在采用时同样需要注重整体协调,不能“为了芝麻而丢了西瓜”。比如自己原本是圆形脸，那么即使额头存在美观不足，也不宜采用浓重的刘海设计。

除去以上几点，我们在为自己设计发型时，也要注重自身的年龄、身份、体态，以及保持发型的经济支出等诸多问题。而且一个完美的发型塑造，往往需要对头发进行反复烫染，如果使用的药剂质量没有保障，或者发型师资质不足，极易对发质造成伤害。所以，如果我们不用烫染就能够找到适合自己的发型，最好还是保持自然亮丽的发质，毕竟健康才是最重要的魅力源泉。即使我们有必要对自己的头发进行烫染，也要注意烫和染的顺序，以及二者之间的相隔时间。通常情况下，在烫发 10 天后再行染发比较合理，这样既可以保护发质，又可以达到最佳的烫染效果。

再有就是对于发饰的选择，这一点基本属于女性的专利。如果一个女孩的头发比较难以固定，自己又不想通过烫染来保持造型，选择一个精美的发饰绝对不失为明智之举。而且随着发饰商品的日益琳琅满目，越来越多的爱美女性每天仅仅需要换一个发饰，就可以让自身魅力展现得淋漓尽致。即使是一名男性，如果能够保持整体形象的协调，也完全可以配戴发箍等男性发饰，除了能够方便自己的行动外，也可以让自己的个性和魅力进一步显现出来。

此外，我们在为自己选定发型的时候，还应该多注意一些不同的款式，直到发现一款非常让自己满意的为止。不要因为怕破坏自己的形象，而常年保持一种发型，这样我们的形象就会给人以呆板迟滞的感觉。况且，就算是比较满意的某一种发型，我们也应该在一段时间以后进行更换，这不仅能够给别人带去不一样的感觉，也可以让自己的生活和工作心态发生好的转变。当然，我们的发型最终还是要配合自己的服装，所以必须保障自己的发型能够为整体形象加分，尤其是要和自己的着装选择相得益彰。

6.

衣服要穿好，还要搭配好饰品

一款适合自己的服装往往能够体现出我们的魅力，但是如果想要将自己的魅力体现到极致，很多时候则需要依赖一些饰品的帮助。通常情况下，饰品分为本衣饰品和裸衣饰品两大类，其中，本衣饰品指的是衣服本身带有的饰品，这类服饰不仅在花纹和线条上设计得较为复杂和夺目，而且还会缝制一些小饰件在衣服上。对于这类服装来说，我们通常不需要进行过多的饰品搭配，否则反而会使整体服饰搭配落入俗套；裸衣饰品指的是衣服本身不具备任何饰品，而是需要我们自行搭配各种饰品。这类衣服通常比较简约低调，我们在进行饰品搭配之后，往往可以塑造出自己的独特风格。

对于本衣饰品而言，只要我们根据自己的喜好，在选购服装时综合考虑就可以了，基本不涉及自主搭配的环节。而对于裸衣饰品来说，则需要学习一下相关的搭配技巧，这里主要说一下裸衣饰品的搭配原则与方法，首先是方法，具体内容可以参照以下几点：

(1) 要保持尺寸的一致。通常来讲，身材比较高大的人，着装也应该比较宽绰，相应的饰品选择也要比较大点；如果是身材比较娇小的人，只要身材没有太过明显的缺陷，都应该以紧身衣为最佳选择，饰品的搭配也应该保证精致和小巧。

(2) 要保持风格的统一。如果我们的服装是英伦风格，配饰却选择非洲部落风情，那么当然会造成不伦不类的形象。因此，如果我们的服装风格走的是清新路线，饰品选择应该注重清新自然；如果服装风格选择性感路线，饰品也应该选择性感迷人。如此等等。

(3) 要保持颜色的统一。颜色大概可以分为冷色系和暖色系两大类，其中冷色系包括白色和蓝色等；暖色系包括红色和黄色等。比如，我们的服装颜色以冷色系为主,就应该选择白金、白银和珍珠为配饰;如果我们的服装颜色为暖色,则可以选择黄金、玛瑙和珊瑚为配饰。

(4) 保持主题统一。一般来讲,我们需要在服装各个部位佩戴多个饰品(不宜超过三个),这就需要我们在不打破服装风格的基础上,为所有饰品设计一个主题。从而保证它们之间存在内在关联,继而使所有饰品形成众星捧月的效果,凸显出主要饰品的最大光芒。

(5) 保持质地统一。这里所指的质地统一,是指各配件之间的质地统一。比如我们选择使用黄金质地的项链首饰,那么戒指和耳环饰品也应该尽量选择使用黄金质地,这样可以让各饰品之间彼此呼应,形成整体上的统一视觉效果。

(6) 保持身份统一。我们选择佩戴饰品,一定要保证符合自己的身份,切不可根据自己的喜好盲目选择。比如市场上最常见的黄金饰品,虽然相对来讲比较贵重,但是除非我们是一个暴发户或者煤老板,否则最好不要选择黄金饰品,尤其是粗链子和大扳指等标志性粗俗饰品。

在简单认识了饰品的搭配原则之后,接下来我们就可以继续了解饰品的搭配方法,具体内容可以参照以下几种饰品:

(1) 戒指。无论男女老幼,都以佩戴左手为宜,而且最好只佩戴一枚。如果是婚戒,则通常需要戴在无名指上,表示心心相印、心心相连。在我国,戒指戴在不同的手指上还有各种不同的意义,其中,食指表示未婚,中指表示订婚,无名指表示已婚,小拇指则表示单身主义,大拇指一般少有人戴。

(2) 项链。男女老幼均可佩戴,数量不宜超过两条,男性的项链不宜外露。从大体上来讲,项链的粗细和长短要与脖颈的长度和粗细成反比,即脖颈细长者,适宜佩戴较粗短的项链;脖颈较为粗短者,则适宜佩戴较细长的项链。

(3) 项链坠。一种自行搭配在项链上的挂件儿,包括文字图样、图形图样、十字图样等。对此,我们首先应该使项链坠和项链保持风格一致;其次最好了解项链坠的内在含义,以便和整体着装以及配饰主题相符;最后,项链坠的数量也不宜超过两个,否则可能出现喧宾夺主的负面效果。

(4) 耳环。这类饰品基本属于女性专用，使用时需要成双成对，每只耳朵佩戴以一只为宜。如果是男性佩戴，最好只佩戴一只，而且要佩戴在左耳上。当然，也有男性佩戴两只耳环，但这是作为一种同性恋的标识。

(5) 手镯。这类饰品同样属于女性的专利，女性朋友在选择手镯做饰品时，应注意体现自己的手腕和手臂美，如果自己的手腕和手臂并非自己的魅力重点，则应该尽量避免佩戴。与此同时，手镯的佩戴也不宜超过两个，并且要一手一只。

(6) 手链。男女均可佩戴，数量以一条为宜，并且最好佩戴在左手上。除此之外，手表、手镯和手链等，不宜同时佩戴。

(7) 脚链。女性专用饰品，佩戴一条为宜，不分左右，需要配合穿戴超短袜或丝袜。此外，脚链的佩戴意在强调脚腕以及小腿的魅力，如果女性朋友的魅力并不在此，则应慎重佩戴。

(8) 胸花。因为以针形饰品为主，所以也称为胸针，多见于女性使用。佩戴时要与发型相呼应，如果发型居左，胸花要佩戴在右边胸部位置；反之，则需佩戴在左边胸部位置。

除此之外，饰品和服装的搭配，要注重整体风格的协调统一，如果我们对于服装的定位比较奢华和高调，配饰也应该具有高调夸张的特性，至少也要保证绚丽多彩；而如果我们对于服装的定位比较简约和低调，配饰的选择就需要做到精致和小巧。最好做到时隐时现的效果，不轻易让人发现，然而一旦有人发现，就可以给他造成眼前一亮的感觉。比如我们常见的钻石、珍珠、铂金等饰件，都是比较好的材质选择，只要我们避免让饰件的造型陷入俗套，必定可以为自己的整体形象加分。

事实上，我们大多数人都不是服装设计师，我们对于服装风格的选择不可能完美到每一个细节。服装风格划定之后，可供选择的款式无非也就那么几种，很可能我们只对某件服装的局部设计满意，而其他部分则比较为难。因此，我们与其在服装本身的细节上纠缠不清，还不如多花费一些心思在服装的配饰上。如此一来，我们就可以选择一些基调比较简约和单一的服装，然后开动脑筋，搭配出属于自己的细节，并最终形成独特的服饰风格。

第九章

文明礼仪:优秀员工必备的职业素养

古语有训:“兴于诗,立于礼。”我国伟大先民对于礼仪的重视和学习是非常值得后人称道的。现代职场中,学会文明礼仪,对于任何一个职场中人的职业发展至关重要,它不仅可以让我们在工作中保持最佳精神状态,同时也有助于我们建立良好的人际关系。事实上,职场上的很多文明礼仪早已约定俗成,如果我们对此不能充分了解,那么在职场生活中必定处处受制,职业发展也会因此被牵累羁绊,也就更谈不上让自己成为一名优秀的员工了。

1

熟悉职场礼仪，为自己的事业增光添彩

职场礼仪是需要每个职场中人严格遵守的行为规范，我们能否切实遵循各种礼仪规范将决定我们的职场表现是否专业，进而决定我们的职场成败。尤其是作为一名职场新人，首先需要做的一门功课就是学习职场礼仪，避免因为一些无心之失而给自己带来职场困扰。然而，很多人对于职场礼仪的重视存在严重不足，甚至会排斥出席一些公共场合的活动。殊不知，职业之路的发展是全方位的，如果我们不能游刃有余地处理好各种职场关系，那么即使工作能力再强，也难以实现自己预期的理想和目标。

学习职场礼仪，应该从遵守公司的各项规章制度开始，这就如同法律和道德的关系一样，职场礼仪是道德，公司制度是法律。如果我们不能遵守职场礼仪，最多受到别人的谴责，以及自身职业发展受到不同程度的限制。但是如果我们不能遵守公司规定，不仅会影响自己的职业发展，同时还会直接受到处罚，严重者甚至会失去工作机会。

除了学习和遵守公司的规章制度外，和领导以及同事搞好人际关系也非常重要。对此，我们不一定要和每个人都建立深厚的友谊，但是必须营造出一个良好的工作氛围，而且在工作之外的社交圈儿中，最好也要和领导及同事保持顺畅沟通。除此之外，“拉山头”也绝非优秀员工的明智选择，因为这很可能会让我们卷入别人的是非之中。古语讲“君子独而不争，群而不党”，对于现代职场中人来说，如何在人际交往过程中保持适当的“度”具有很好的参考意义。

姜晓明在参加工作之前曾做过一段时间的婚礼主持和策划，但是由于收入不稳定，他最终还是放弃了这条职业发展之路。参加工作后，收入虽然稳定了下来，但是日复一日的重复劳动，很快让姜晓明失去工作激情。庆幸的是，姜晓明因为进退有度，和领导以及同事的关系处得还不错，再加上他在业余时间经常接一点“小活儿”，不仅能够赚点外快，也能够过过主持人的瘾，日子倒也过得去。

但是在公司里，为了避免别人说自己不务正业，姜晓明对于自己的主持爱好却从来都没敢透露过。2012 年 7 月，姜晓明所在的公司被一家外企收购，而公司领导接到新老板的第一个任务，就是组织员工排演一场联欢晚会。这可难坏了公司领导，因为预算经费有限，所有工作都必须由公司内部员工完成，但是如果没有相关职场礼仪经验，联欢晚会策划和主持根本无法完成。

然而对于姜晓明来说，这却是一次千载难逢的机会，在了解了情况之后，他立即找到领导要求分忧，并且保证完成任务。领导鉴于姜晓明在工作中表现平平，并没有对他抱有太大希望，但是时间紧迫，也只好勉为其难，最终同意了姜晓明的请求。

结果着实让领导没有想到，由于对这次机会的重视，姜晓明几乎使尽全身解数，为公司策划了一台丰富多彩的联欢晚会。活动中，他不仅调动了所有员工参与节目的积极性，还全面出谋划策，帮助同事们编排了很多精彩节目。而姜晓明自己，也在节目开场时以一段贯口技惊四座，尤其是公司的新任老板，完全没想到姜晓明对于各种职场礼仪如此了解，因而对他留下了深刻的印象。

此事之后，姜晓明受到领导的大力表扬，并且同事们对他的称赞也不绝于耳。姜晓明因此深受鼓舞，工作激情也被激发出来，很快在之后的工作中找到了乐趣，并最终成长为一名优秀的企业员工。

当然,所谓职场礼仪绝非只是一场晚会中涉及的相关内容,而是包括整个职场生活中的方方面面。我们在进行职场礼仪学习的时候,也应该做好“打持久战”的准备,力求将所有职场礼仪全部了解清楚,从而保障自身职业发展的顺利进行。至于其中的大概内容,我们可以参照以下几点建议:

首先,敬语的使用。生活和职场毕竟存在很大差异,我们在生活中可以随心所欲地讲话,即使讲错了只需要道个歉就可以了。可是在职场生活中则完全不同,不要说讲错话,即使是言语适当,也可能会对我们的形象造成负面的影响,从而使我们的职业发展受到阻碍。我们常说,一个经常使用敬语的人,不仅能够体现出他的职场素养,同时更是他个人素养的体现,我们在自己的现实生活中,也会乐于和一个深具素养的人相处。

以同事为例,如果是在比较正规的场合,我们最好称呼对方的姓氏加职称,直呼其名或者过于亲昵,都是比较失当的做法。如果是称呼对方的亲人,则需要多使用一些表示敬重的修饰词,比如称呼对方的母亲,可以用令堂、尊母等称谓,或者至少也应该称呼一声阿姨。但是我们在职场生活中,却经常可以听到有人称呼别人的母亲为“你妈”,像这样的称呼,不要说在正规场合,即使是朋友间的日常聊天,恐怕也是不恰当的。中国自古就是礼仪之邦,我们身为中华民族的一员,绝对有必要在职场生活中传承并发扬属于我们的礼仪文化。

其次,保持适当的距离,包括身体距离和心理距离。所谓身体距离,是指我们在与人沟通的过程中,要保持好应有的距离。比如我们和自己比较熟悉的朋友聊天时,可以趴在对方耳朵上窃窃私语,但是如果我们和对方不是特别熟悉,则不宜做出如此亲昵的动作。而且我们自身很难察觉的口臭或狐臭等异味,在近距离和人接触的时候,也会让对方感到不适;至于心理距离更应该引起我们的注意,比如人们常说的冷言冷语,就是心理距离比较远的交谈方式,很容易让对方接收到不友好的信息。但是如果我们说话过于软弱,又会给人造成谄媚的感觉,同样不是明智之举。所以,如何掌握与人交往过程中的“度”,就着实需要我们进行长期的琢磨和学习。

最后就是在饭桌上的职场礼仪。饭桌社交是我国独有的职场文化之一，但既然是已经形成的规则，我们就需要遵循。俗话说“无酒不成席”，所以饭桌上的礼仪往往不在饭菜而在饮酒。通常来讲，酒要斟满，与人碰杯时，杯沿儿不能高于领导或者年长者，分酒器或酒壶开口不能对人。如果饭桌较大，碰杯可以用杯底碰一下桌面的形式代替。此外，饮酒需要有祝酒词，这是一门很大的学问，基本可以视为整场用餐的点睛之笔。如果是比较重要的用餐，我们有必要在用餐之前做好充足的准备，确保祝酒词可以得到大家的认可。

诸多职场礼仪虽然繁杂，但是身处职场之中，就必须对这些规则进行学习。如果我们对此畏而避之，职场礼仪就会永远挡在我们的职业发展之路上，我们的个人事业必定难以取得质的突破。所以，如果我们想要实现自己的远大理想和目标，就必须细心学习，大胆尝试，不仅让自己成为工作中的优秀员工，同时也要让自己能够在社交场合中游刃有余。

2. 学习职场礼仪，从改变自己的工作心态做起

职场礼仪作为一种社交文化，实际上需要一个正确的人生观念和积极的工作心态来维护。比如我们在与人交往的过程中，微笑是一个至关重要的环节，但是如果我们长期处于负面情绪之中，即使相关文明礼仪能够落实到位，僵硬的表情还是会让我们的形象大打折扣。事实上，不论人与人之间存在多大差别，积极有效地沟通都需要以平等和真诚为前提，这就需要我们有一个正确的人生观念，从而保障积极的工作心态。然后我们就可以发自内心地去学习和使用文明礼仪，并且在使用过程中给人如沐春风的感觉。

然而在职场生活中，很多人因为不能及时调整自己的工作心态，内心世界长期处于一种麻木不仁状态。在这些人看来，诸多的职场礼仪，不但无法成为取得事业进步的保障，反而会被视为繁文缛节，甚至被他们当成工作中的束缚和障碍。如此一来，职场礼仪的学习就成了一种工作负担，并且会让他们的工作心态更加消极，最终陷入一个恶性循环之中无法自拔。与此同时，负面的精神面貌还会像流感一样传染给身边的同事，如果不幸整个公司的员工都沾染了这种习气，那么终将影响到集体的工作效率。

事实上，工作心态将直接决定我们的工作状态，如果一个人的工作心态不能端正，那么他的工作状态也将失去保障，职业发展也将暗淡无光。因此，如果我们想要成为一名优秀的企业员工，无论出于什么原因，或者面临怎样的困境，都不应让自己的工作心态陷于消极状态。至少，当我们的工作心态陷入消极状态之后，必须要形成自我解脱的意识，从而找到适合自己的方式方法，并最终养成习惯。唯有如此，我们才能不惧工作逆境的困扰，以及不怕工作困难的侵袭，时刻保持良好的工作心态。然后在学习职场礼仪的时候，我们就可以积极投入自己的努力，确保自己能够得到不断的成长。

合肥金枪集团是一家生产汽车音响的大型公司，从2002年成立以来，金枪集团经过数番生死考验，终于在国内外市场站稳脚跟。然而在2012年进入全盛时期后，金枪集团居然开始快速地走向衰落，并且导致公司员工变为一盘散沙，工作心态也是江河日下。

原来，金枪集团在日新月异的市场变化中，虽然在产品质量和市场运作方面仍旧表现抢眼。但是由于管理制度的滞后，公司内部逐渐形成了一种推脱责任的不良风气，尤其是在公司团队人数日渐庞大的情况下，内部矛盾越来越尖锐。

关键时刻，公司领导进行了大刀阔斧的改革。首先是市场部门，在基本工资不变的情况下，提成奖励金被大幅提高，从而确保了销售团队的高效运作;其次是公司生产部门,工资构成也改为基本工资加绩效工资的模式,借此激发了生产团队的工作激情;最后是管理部分,除了将相关责任细化到具体个人,并制定了严格的惩罚制度,还设立了相应的奖励措施。

如此一来,金枪集团的所有工作全部回到正轨,各岗位员工也一改消极的工作心态,重新找回了对公司和自身发展的信心。2012 年年底,经过数月艰苦卓绝的努力,金枪集团和澳大利亚霍顿公司签下 10 亿元大单,为公司发展打了一剂强心针,员工们的工作心态也更加积极主动了。

在这种情况下,公司领导趁热打铁,为员工制定了一整套职场礼仪学习计划。热情高涨的员工们对此积极响应,仅用 3 周时间便完成了全部学习计划,公司的整体形象也因此进一步得到提升。更为关键的是,员工们的工作激情被完全调动了起来,工作心态也得到了有效的调整,并最终使公司发展回到了良性循环的道路上。

工作心态在职场中的重要作用早已不言而喻,当我们处在一种消极心态中也许无法体会到这一点。但是如果我们能够经历一个从消极到积极的心态转变,就会惊愕地发现,原来自己也可以无比高效地完成工作任务,并且成为一个无比优秀的企业员工。而对于我们个人来说,如何摆脱负面的工作心态,可以从以下几个具体方面进行着手:

首先是保持自己的身体健康。如今,大多数职场人士的身体都处在亚健康状态,稍有不慎就会造成身体不适,这样的身体状况当然容易让我们的工作心态受到负面影响。至于如何保持身体健康,最有效的方法莫过于体育锻炼,尤其是对于年轻人来说,每天只要抽出一个小时的时间进行锻炼,长期坚持下来,不仅身体受益无穷,工作状态也可以得到有效保障。

其次是要保持规律的作息时间。我们每个人体内都有一个时刻运作的生物钟,只要我们能够建立规律的作息时间,这个生物钟就能够使身体各个器官保持最佳工作状态。但是如果我们的生活作息非常混乱，生物钟的作用就会大打折扣，从而导致身体各器官的工作状态受到抑制甚至损害。如此一来，我们的情绪就会受到身体不适的影响，从而影响自己的工作心态，并最终使工作状态失去有效保障。

最后是要保持长期的学习习惯。众所周知，我们的所有行为都会受到思想支配，所以我们只有提高自己的思维能力、认知能力和学习能力，才能提高自己的行为能力。认识到了这一点，我们就可以明白学习对于我们取得事业进步具有多么重要的意义。在此，我们还要了解到一点，即所谓学习，并非我们的目的，而是一个自我成长的过程。真正处于学习状态的人，往往会越学越觉得自己渺小，从而深刻意识到自己需要学习的东西还有很多，如此才能不断取得进步。

当我们能够完成以上三点修为，就可以端正自己学习职场礼仪的态度，不但不会对此产生排斥心理，还会积极地投入到学习过程中去。从而保障自己得到一个良好的学习效果，继而不断提高自己的工作能力，并最终成长为一名优秀的企业员工。

3. 拜访客户需谨慎，再熟也要守礼仪

俗话说，“有理走遍天下”，事实上，“礼”也可以帮助我们走遍天下。礼仪作为一种个人素养的体现，如果我们能够运用到位，自然可以对自己的职业发展起到积极作用。而在实际工作中，我们与陌生人进行交流的过程中，往往能够做到慎言慎行，但是在与一些熟人交流的时候，却总是无法把握一个合适的尺度。尤其是对于那些需要直接面对客户的销售人员，如何既保持与对方的熟络，同时又保持与对方的礼仪就成了一门必修

的职场课程。

事实上，无论是公司领导还是普通员工，都代表着公司的整体形象。为此，我们在与客户接触的过程中，都要严格遵守职场礼仪，让客户感受到我们对他的足够尊重。切忌在客户面前表现得过于随意，哪怕我们和客户的关系已经很熟，否则不仅会使自己的专业形象受到损害，进而还会对公司形象造成不良影响。孔子说："唯女子与小人难养也，近之则不逊，远则怨。"其实，这个道理适用于所有交流对象，因此我们在与客户交流过程中，还是应该尊奉"距离产生美"的原则，因为很多时候如果我们和客户太过熟络，问题反而不好处理，适当的距离才是最好的选择。

世界著名销售大师原一平曾经说过："一名优秀的销售员要具有学者的理性头脑、艺术家的感性心灵、劳动者的手和旅行者的脚。"通俗地说，我们在面对客户时，要有清晰的逻辑思维，以保障自己能够跟上客户的思路为宜；如果客户有示好的表现，我们也应该敏锐地察觉到，并且立即予以积极回应；此外，勤劳和耐力同样是我们向客户展现良好形象的有力武器，比如我们不仅要在拜访客户前进行充分的准备，一旦不幸遭到客户拒绝，我们也不能轻易放弃。而这些，无疑都需要职场礼仪作为保障，否则，我们的行为很可能引起客户的反感，勤劳和耐力也容易造成适得其反的效果。

刘海玲是石家庄华威制药公司的一名销售员，她在2000年毕业后进入该公司，一直从事销售部门的工作。经过近10年的磨炼和摔打，刘海玲已经从一个不谙世事的少女，变成了一个八面玲珑的职场女强人。

由于在华威失去晋升空间，刘海玲又始终不满于自己的职业现状，她最终在2009年选择辞职创业。最初阶段，由于刘海玲手里掌握着大量市场资源，公司发展一日千里，她所取得的职业成就也令很多人称赞不已。然而实际上，由于刘海玲的公司规模有限，她所包揽的基本都是一些小型公司的生意，真正的大商家还是很少选择与她合作。

如此一来，刘海玲的事业发展很快遇到了瓶颈，又因为石家庄在2010年前后新成立了大批小型制药公司，刘海玲感受到的生存压力越来越大。由于打不开思路，刘海玲一时也陷入了职业迷茫，遥想当年为华威集团开疆拓土，那份如鱼得水的顺畅实在令她怀念。在经过苦苦思索后，刘海玲终于发现了自己的弊病所在。

原来，当年供职于华威时，刘海玲还只是一个小职员，工作当中处处谨小慎微，面对客户也总是唯恐“照应”不周。但是在自主创业之后，刘海玲已经开始以行业老人自居，导致她与客户交流的过程中过于主观，只想着尽快和客户熟络关系以便取得对方信任，从而忽略了客户的很多想法。本来这一点无可厚非，但可惜的是，此时刘海玲所代表的公司，已经从声名远播的华威集团，变成了自己创办的名不见经传的小公司。

意识到这一点，刘海玲立即翻开了布满灰尘的职场礼仪规范，结果发现自己的很多行为果然已经失去了专业水准。在经过一番复习之后，刘海玲随即信心满满地投入到了开拓市场的工作中，而之后的客户反应也确实印证了她的想法，刘海玲的事业发展瓶颈终于就此打开了突破口。

从根本上来讲，职场礼仪是为了建立我们和交流对象的平等关系，借以确保相互之间的基本尊重。我们尊重礼仪，客户尊重我们；客户遵守礼仪，我们尊重客户，这是千百年来从未改变的道理。所以，一旦我们失去了礼仪的保障，也就相应失去了这种相互尊重的基础。如此一来，哪怕我们和客户已经建立了熟络的关系，时间久了之后，也难免会出现一些矛盾，接下来矛盾的恶化就会一发而不可收。

为此，我们在拜访客户时必须具备遵守礼仪的坚定意识，并且在交流过程中确切落到实处。相关的具体内容，我们可以参照以下几点进行学习：

(1) 选择适当的拜访时机。职场中人通常都是比较忙碌的，而我们要拜访的对象又往往是对方公司的负责人,忙碌程度就更加可想而知了。所以,我们首先要选择对方心情比较好的时候,比如对方刚刚谈成了一单生意,或者对方家里有什么喜事,等等;其次,要避开对方过于忙碌的时间,比如周一或周五,以及节假日的前一天和后一天等;最后,要避免在客户刚上班或者要下班的时间拜访,因为这两个时间段客户都不在工作状态。除此之外,除非得到确切情报,否则我们不宜在客户的任何非工作时间进行拜访,拜访确实不涉及工作事宜除外。

(2) 选择适当的服饰搭配。职场人士的着装以正装为宜,我们也可以在此基础上不同程度追求自己的个性,但是绝不能以破坏自己的专业形象为代价。所以,我们需要对服饰的搭配进行简单的了解,由于上一章中已经详细说明,此处不再赘述。

(3) 进行充足的相关准备。首先我们要与客户约定拜访时间,而且要遵从客户的时间安排;然后在前去拜访的时候,要充分考虑到路上需要花费的时间,包括堵车或天气等诸多因素,总之要做到不因任何原因而导致迟到;最后,就是要准备推销工作的一应事务。比如需要随身携带的名片,以及所推销产品的详细介绍,还有必要的记录纸笔,等等。

4. 掌握办公室礼仪,营造良好的工作氛围

相信每个人都希望自己的工作环境能够处于温馨和谐之中,因为只有在这样的工作环境中,我们才能安心工作。但是所谓“人过一百,形形色色”,尤其是相处时间久了之后,人与人之间的交流难免会出现各种矛盾甚至摩擦。如此一来,办公室礼仪就成了良好工作氛围的保障,如果我们不能对相关礼仪进行了解,并且在日常的工作过程中确切执行,很可能

就会将自己的工作环境搞得一团糟。

事实上,办公室虽小,日常工作中却可以包罗万象,繁杂程度绝不亚于整个社会。由于利益冲突和观念差别等诸多矛盾汇集在一起,办公室生活中的人际关系,已经被公认为21世纪最难搞的关系之一。比如我们在塑造自己的办公室角色时,如果表现得过于积极,别人会说我们利欲熏心;如果我们表现得过于消极,别人又会认为我们软弱可欺。因此,如何让自己在办公室社交中做到进退有度并取舍自如,就需要我们对办公室礼仪进行充分的学习和运用,最终确保职场生活的和谐。

从大的方面来讲,我们必须建立起足够的礼仪观念,不能因为任何原因而无视相关的礼仪规定。尤其是与一些关系比较密切的同事保持适当的距离,往往可以让我们之间的关系更加和谐。这个道理其实再简单不过,比如我们和新同事认识之初,通常会相敬如宾,但是接下来熟悉之后,就会发现彼此的诸多缺点,相互之间的关系也会越来越无礼。因此,只要我们时刻遵守礼仪规范,即使和关系紧张的同事也不撕破脸,就可以在不断变化的工作环境中安身立命。

乔颖新近从上海总公司被委派到西安分公司,成为那里的总负责人,从而正式开始了公司高层领导的成长之路。而乔颖之所以能够得到这份重要职位,就是因为她在职场工作和生活中表现出了超强的礼仪观念和规范,而且她在工作中制定的礼仪管理模式,很早就在她所负责的部门中反应良好。

西安分公司的办公室在一栋旧式办公楼内,各种公共设施相对比较落后,尤其是在又小又慢的电梯内,上下班高峰期经常挤得严严实实,造成了很多不必要的矛盾和摩擦。乔颖到分公司上班后,同样面临这一尴尬问题,但是礼仪意识超强的她,第一件工作就是为分公司员工制定了一套乘坐电梯的礼仪规范。

内容包括为没赶上电梯的同事按住开门钮,靠近按钮的同事要为挤在里面的同事按电梯,遇到老弱病残要主动进行帮助,在出电梯时要相互礼让等等。如果有人违反,就会受到不同程度的惩罚，最严重者可能扣除一个月的全部奖金。规定实施之初，很多人都没有当成一回事，他们认为办公楼里还有很多其他公司的职员，乔颖的规定根本起不到任何积极作用。

然而，让所有分公司员工都没有想到的是，乔颖居然每天早早地来到公司，目的仅仅是监督所有员工乘坐电梯的礼仪规范。接下来，让大家再次没想到的事情发生了，由于所有分公司员工严格遵守了相关礼仪规范，在他们的带动下，其他公司的员工也不自觉地礼让了起来，直到电梯内每天呈现出一片温馨和谐的气氛。

更为难得的是，电梯乘坐规范也让分公司的员工们把礼让带到了工作中，从而使工作氛围越来越好。再加上乔颖又及时出台了工作中的各项礼仪规范，整个分公司的运转效率得到显著提高，乔颖的工作能力也再一次得到了事实的验证。

平心而论，没有人不希望自己处于一个温馨和谐的工作环境中，但是因为很多礼仪规范未能落实到位，越来越多的人只能被动加入破坏礼仪的行列中。对此，即使我们不能改变别人，也要独善其身，坚决遵守各项礼仪规范，因为这样至少可以赢得别人的尊重。所以，我们不仅要全面了解并切实执行办公室礼仪的明文规定，还要在日常工作中多注意一些礼仪原则，以确保工作环境的和谐。具体内容可以参照以下几点：

首先，要建立独立的思想体系，不能随波逐流。当然，这里所说的独立仅限于思想上，我们在办公室社交过程中，还是要尽量保持“入乡随俗”的行为习惯。在此，我们尤其不能加入某个小团体，这样只会让我们卷入不尽的是非中无法脱身。

其次，要掌握正确的交流方式。说话是为了交流沟通，是为了最终能够得到双方满意的结果，而绝不是为了辩论。但是在我们的职场生活中，总有那么一群人，他们一张口就会摆出与人辩论的架势，好像辩论本身就是他们交流的目的。

再者，要保持行事低调。曾经有人说过，低调是弱者的哲学，但是放眼整个社会，又有谁不是弱者呢？所以，我们只有承认了自己是弱者，才能真正地保护自己，使自己免于遭遇众矢之的的命运，并最终成为一个强者。

还有，不要和同事倾吐心事。作为一名成熟的职场人士，我们应该将生活和工作有效地切分开，生活就是生活，工作就是工作，尤其要避免二者之间的负面影响。其实，我们每个人在生活中都会遇到一些委屈，如果我们将这些委屈倾诉给同事，虽然可以和他们拉近距离，最终却难免会丢掉他们对我们的尊重。

接下来，不要妄图赢得所有同事的好感。人的性格千差万别，很多人的思想认识甚至是完全相反的，当我们与一群人共同相处时，无论怎么做都不可能让所有人都对我们产生好感。面对这种情况，我们只要遵循大多数人的喜恶规律就可以了，想要成为万人迷，最终只能是徒劳无功。

最后，不要做散布谣言的长舌妇。很多人在职场生活中都会以消息灵通人士自居，认为这样可以得到同事更多的信任和尊重，结果却恰恰相反。这个道理很简单，你既然能够散布别人的消息，别人自然也会散布你的消息。所以这些人最终只会被大家集体回避，每个人都会像躲瘟神一样躲着他，如果散布的消息是谣言，很可能还会对办公室的工作环境造成更严重的负面影响。

5. 接打电话发邮件，文明礼仪必须讲

进入现代社会，接打电话和收发邮件已经成为职场人士的日常行为之一，我们利用这些电子设备辅助完成工作，既省心省力，又方便高效。但是我们同时也应该意识到，这种现代化的交流方式，更加需要我们遵守

相关文明礼仪。因为我们学会在电话和邮件中遵守文明礼貌,不仅可以提高自己的个人形象,同时也可以让我们更加高效地完成工作任务。相反,如果我们不能对相关礼仪进行学习和使用,首先会为自身的形象带来负面影响,其次还会对公司的形象造成严重损害。

因此,虽然人与人之间的沟通方式已经改变,但是沟通过程中应当注意的文明礼仪不应变,甚至还应该进一步加强。只要我们想在职场生活中取得自己的进步和成功,懂文明、讲礼貌就是我们永恒不变的基础课程。所以,当我们在职场生活中抱怨与人沟通的艰难时,事实上更应该反思一下自己在电话和邮件沟通中的文明礼仪问题,如果我们忽略了这一点,那么从现在开始,就需要学会并且使用电话和邮件沟通中的相关礼仪。

对于很多人来说,打电话是一件再平常不过的事情,我们每天都会打几通电话出去,但是我们对于电话沟通中的相关礼仪却很少在意。事实上,我们在打电话过程中需要遵守的规则有很多,如果我们能够严格按照这些规则形式,自己的工作就能够事半功倍。在这里,我们首先需要了解一下打电话的文明礼仪和注意事项,具体内容可以参考以下几点:

(1) 选择适宜的时间。这里主要是指工作电话,我们应尽量避免在对方工作以外的时间拨打,尤其是在对方用餐、睡眠和休假期间,特殊情况除外。如果拨打的是国际长途,我们还要注意时差问题,不要毫无准备或者错估时间。此外,电话沟通一般不要时间过长,应该以约定和知会为目的。正式的沟通内容,还是以面谈的方式为佳。

(2) 选择适当的语速语调。电话沟通属于纯语言沟通,我们向对方传递的所有信息都要依赖自己的语言,无法借助任何其他方法。为此,我们必须保证自己的每句话甚至每个字,都能清晰地传递到对方的耳朵里。所以,语速适中、语调平缓、吐字清楚、普通话标准,就成了电话沟通的基本要求。

(3) 避免失当的方法。通常情况下,电话在接通后响过六声,才能基本确定对方无人接听。电话交流过程中,我们最好不要随意走动,也不要边打电话边做别的事情,尤其是可能通过电话将这些信号传递给对方的行为。比如饮食、翻书,甚至和别人聊天等。

(4) 选择适当的环境。电话声音的传递有一定的分贝限制,如果通话环境的声音高于这个分贝,我们和对方的沟通就会受到不同程度的影响。为此,如果我们这边的环境比较嘈杂,应尽量避免给对方拨打电话。如果对方的环境比较嘈杂,或者信号接收有问题,我们也可以礼貌地要求对方更换通话环境,避免对着话筒大吼大叫。

接下来是接电话的礼仪和注意事项:

(1)及时接听。电话铃响起后,不要过快或过慢接通,过慢会有失礼貌,过快则可能会“吓”到对方,当然也很失礼。通常情况下,我们在电话响过三下后接听为宜,如果因为其他事情延误了接通时间,电话接通之后则应主动道歉并做出合理解释。

(2) 明确身份。如果是工作电话,接通后要自报家门,并且保证简明扼要;如果是个人电话,则应持有一定的警惕性,如果不能确定对方是谁,不要轻易吐露自己的信息;但是,即使我们不能确定对方是谁,电话接通后也应该首先向对方问好。如果对方打错电话,我们也应该礼貌地提示对方,避免出现失礼的话语。

(3) 电话记录。我们应该在电话机旁随时准备一个记录本,尤其是以电话沟通为主要工作方式的人,甚至要随身携带一个记录本,以备电话沟通过程中出现需要文字记录的内容。与此同时,由于电话记录比较匆忙,我们在记录信息之后,最好再向对方核实一遍记录信息,避免有错误或者遗漏等问题出现。

(4) 使用敬语。除了在接通时要向对方问好,电话挂断前也应该向对方告别,一方面是出于礼貌,同时也是为了确定通话的结束。因为有时候对方很可能会临时想起什么,或者根本就没有将自己的意思表述完,我们却已经挂掉了电话。

接下来是收发邮件需要注意的文明礼仪问题。作为网络形式的书面沟通工具,我们对于邮件沟通更加需要注意文明礼仪问题。尤其是对于那些需要通过邮件来完成工作任务的职场人士,如果不能严格按照相关规范和礼仪进行邮件收发,必然会对自己的工作造成负面影响。具体事

项,我们可以参照以下几点内容:

(1) 写明主题。首先,主题是整封邮件的重要组成部分,但是在日常生活和工作中,很多人却非常容易忽略主题的填写。事实上,这样的做法不仅有失专业水准,而且也是比较失礼的表现;其次,主题内容不要过于冗长,而是要务必做到简明扼要;最后,主题要对整个邮件的内容具有概括性,不能与自己表述的中心思想无关。

(2) 注明开头。邮件正文通常用称呼和问候开始,这个称呼和问候也很重要,要根据我们和对方的关系,以及对方的身份地位。如果是工作性邮件,既不能过于亲昵,也不能过于疏远。如果是生活邮件,切忌出现“你们”字样,这会让对方以为我们是群发,沟通效果会大打折扣。此外,邮件通常用祝福的方式结尾,并且不用写明时间,因为系统会自动生成。

(3) 邮件正文。要简明扼要,工作性邮件以说明文的形式为主,间或可以伴有一些敬语出现,比如你好、谢谢、请、您等。生活邮件则要避免使用官方语言,应该多用日常交流的语气和语句,但同样要注意多用敬语。此外,无论是工作邮件还是生活邮件,内容写完之后,最好都要重新检查一遍,避免出现错别字或病句等问题,否则会给对方留下非常糟糕的印象。

(4) 附件。很多时候,我们需要随信添加一个附件,由于这个附件和邮件主体分离,我们应该在正文明显位置做出说明,避免对方将附件及其内容忽略掉。

(5) 慎用邮件系统功能。比如有些邮件有群发功能,如果我们不慎点错,很可能会向对方传递错误信息,很可能造成自己隐私信息的泄露,从而为生活和工作带来不必要的麻烦。

第十章

尊重客户:维护客户利益是我们的最高生存法则

对于一家企业而言,无论将自身打造得多么完美,最终都是要和市场连接才能实现自己的存在价值。而对于我们每个企业员工来说,维护客户的利益,就是在为企业创造经济收益,同时也是为我们自己增加价值。客户就是上帝,当我们的产品能够切实使得客户满意,那么我们的企业品牌就会得到认可,属于我们的经济效益也会随之而来。因此,无论到了什么时候,我们都应该以客户的利益为最高生存法则,否则在市场竞争中必将难以立足。

1

建立有效沟通，为企业赢得更多客户

有效沟通永远是达成共识的最佳途径，当我们希望把自己或公司的信息传递给客户，能否建立起有效的沟通途径将直接影响我们的传递效果。实事求是地讲，由于一些销售人员的职业素养不足，对整个销售行业造成了极坏的负面影响，这也为那些优秀的销售员与客户之间造成了天然的隔膜。为了能够完成自己的工作任务，我们必须有能力在最短的时间内消除这种隔膜，向客户展示并且最终让他们认可我们的专业水准。在此基础上，再与客户进行沟通就会异常顺畅，工作任务的完成也会变得事半功倍。

接下来，我们还要学习使用科学的沟通工具，尤其是对于那些需要用“一对多”模式面对客户的企业员工。为了避免无用功，我们最好使用“撒大网，捕小鱼”的方法，充分利用自己掌握的客户信息，大面积向潜在客户“撒网”。然后再根据潜在客户的反馈信息进一步划定潜力客户，并跟进后续沟通计划，直到与客户建立实质的联系。为此，我们就需要掌握一些现代化的沟通工具，其中最重要的工具当然就是网络，包括建立永久性信息发布平台、提高关键字的搜索排名、实时发掘潜在客户并收集其信息，等等。

在此基础上，理智的获利思维也是与客户顺利沟通的重要保障。我们谁也不能否认，企业的创建就是为了盈利，如果这一点不成立，企业根本没有存在的意义和必要。但是我们同时也应该清楚地意识到，这仅仅是我们的想法，如果我们把这种想法带到与客户沟通的过程中，甚至强加给客户,那么必定引起客户的反感。所谓“将要取之,必先予之”,我们当然要以盈利为工作目的,但是我们仅仅明确了自己的需求还远远不够,同时更要弄清客户的需求。因为只有满足客户的需求,客户才能满足我们的需求,尤其是在初次沟通过程中,切忌将公司的利益和客户的需求置于对立面。

中国人寿是我国资历最老的保险公司,被保民亲切地称为国寿。自 1949 年创办以来,中国人寿经过大浪淘沙,不仅没有被市场洪流所泯灭,反而逆流直上,最终成为我国资历最雄厚的保险公司。而中国人寿之所以能够屹立数十年而不倒,就是因为其以客户利益为上的经营理念,并且在这种理念的保障下,为千千万万的保民雪中送炭。

其中,“双成文化”就是中国人寿与客户完成沟通的核心理念,具体内容为“成己为人,成人达己”。成己为人,是指只有在企业不断发展壮大的前提下,才能为客户提供更有保障的服务,并且企业发展壮大自己,就是为了更好地服务客户;成人达己,是指只有在客户质量和数量不断增加的情况下,企业的利润才能像滚雪球一样越来越大。因此,企业必须维护好自己的客户群,要把客户群当成公司整体经营体系中的一部分对待。唯有如此,才能与客户完成最深层次的沟通,并最终拓展自身的利益空间。

当然,中国人寿是这样想的,同时也是这样做的。2012 年 9 月 17 日,档案管理员按照公司规定,清查新一期满 50 年期限的保单档案,意外发现一张百万元大单。经查,这张保单的拥有者已经在 10 余年前去世,而他的后人却没有前来办理退保手续。按照公司规定,保单在经过 50 年期限后会自动失效,如果不能如期认领,视为自动放弃。

但是档案员把资料上报给领导之后,公司很快认定这是一起特殊事件,投保人应该是在没有来得及告知家人的情况下意外死亡。对此,中国人寿立即决定向投保人家属退还保险金,并且履行保单义务,向对方支付保单规定的赔偿金。投保人家属对此深受感动,此事经过媒体宣传,立即引起广大保民的关注,从而使得越来越多的保民选择了中国人寿,这些人为中国人寿创造的经济效益,远比退还和赔偿那位投保人家属的保险金要多得多。

获利是企业运作的终极目标,但是企业获利和用户利益绝非一个矛盾体,只要我们能够理智地处理好二者之间的关系,就能够得到越来越多的客户支持。所以,我们在职场工作中不仅要考虑到自身的经济利益,同时也要关注客户的真实需求,如此才能让企业的发展处于良性循环中。除此之外,我们想要与客户建立全面的有效沟通,还需要从一些具体的方面着手,参考内容如下:

(1) 建立信息发布平台。如今,电子商务已经深入到各行各业,任何一家现代企业都不应该忽略网络对于产品销售的巨大帮助。所以,我们除了要与各大"电商"合作外,还应该建立属于自己公司的官方网站。如此一来,我们就可以实时发布公司和各类产品的最新信息,方便客户了解和选择我们的商品。此外,我们还可以在官网上和客户完成互动,深入了解产品在使用过程中存在的各种问题,以便进行改进。

(2) 塑造企业形象,提升品牌价值。就像可口可乐公司总裁曾经说过的一句话:"即使可口可乐公司全世界的资产一夜间化为灰烬,凭着可口可乐的品牌,还是可以在一夜间重塑辉煌。"这就是品牌的价值,现实生活中,很多人选购商品,往往就是冲着某款商品的品牌而去。因此,如何打造企业产品的品牌价值,就成了能否吸引客户的关键问题。

(3) 加强售后服务。近年来,越来越多的企业意识到,售后服务必须纳入产品的整体经营范畴之内。如果售后服务做不好,公司产品的口碑就会日益下降,人口相传的"广告"是最原始的广告,同时也是最有效力的广告。如果我们在这点上一败涂地,那么公司在市场竞争中的失败也将为期不远。

(4) 注重产品的更新换代。任何一款经典产品都不值得我们留恋，因为市场竞争就像是一场永恒的赌局，没有人可以成为最后的赢家，更多的时候都是“你方唱罢我登场”。因此，不断迎合市场需求，努力开发适应潮流的新产品，甚至引领相关产品的潮流发展，同样是吸引客户的重要方法。

2. 诚实守信，绝不欺骗客户

我国经济发展起步较晚，各项法律制度的建设相对比较滞后，这就为很多不法分子留下了可乘之机。尤其是那些目光短浅的企业负责人，往往会为了眼前的一点利益而丢掉诚实守信的原则，从而做出一些有损客户利益甚至伤天害理的事情。对于这些人来说，也许他们能够在短时间内获得盈利，但是从长远角度来看，绝对是不利于企业发展的。如果由于我们的不负责任而造成客户利益受损，很可能还要承担客户的损失，尤其是造成比较严重的安全事故，我们甚至无力承担一些严重后果。

古语有训：“人无信而不立。”如果我们想要在职场生活中取得客户的信任，那么首先我们必须是可信的。如果我们总是出尔反尔，甚至根本就是存心欺骗别人，那么我们不仅难以得到客户的信任，还会受到客户不诚信的对待。其实，当我们参与到职场活动中去的时候，诚信与否将直接决定我们的职场价值，以及我们最终能否实现自己预期的理想和目标。而如果我们走出了企业的大门，实际上就代表着公司的形象，如果我们欺骗了客户，那么在客户看来绝不仅仅是受到了我们个人的欺骗，还会对我们的整个公司形象产生极坏的印象。

因此，如果我们想要让自己和所在的企业取得长足发展，就必须以诚实守信为经营原则，并且在工作和生活中的每一个细节中体现出来。比如我国著名企业家陈光标先生，一向以绿色环保为企业经营理念，当他发现自己的奔驰座驾存在排放不达标问题后，立即将车子砸成废铁，以示自己对企业经营理念的信守。我们作为一名企业员工，在职场生活中也应该信奉诚实守信的原则，无论到了什么时候，也无论遇到什么事情，都不应放弃诚实守信的做人原则。

陈青长新近开了一家汽车修理店，由于他的汽车维修技术非常精湛，并且在工作中坚决信奉诚实守信原则，很多人对他的口碑都非常不错，到他店里修车的人也越来越多。然而，随着陈青长的生意越来越好，很多人也开始对他产生非议，认为他如此实在地为客户修车，是一种“傻”的表现。因此同一条街上其他的修理店，为了尽快完成修理工作，经常在工作中敷衍了事。对此，陈青长有自己坚定的想法。在他看来，为客户修车不仅是一份工作，同时更是一份职业素养，甚至是做人的原则。

2012年9月的一天晚上，陈青长已经打烊关门，正在办公室清算账目。忽然有一名司机模样的人前来敲门，他以为对方着急修车，立即开门迎接。结果对方却慢条斯理地落座，然后告诉陈青长他是附近一家运输公司的司机，希望以后长期到陈青长的店里来修车。对此，陈青长自然非常欣喜，然而让他没想到的是，这名司机居然要求他把每次的发票数额多开一点，并且答应会给他“好处”。

虽然陈青长也很希望做成这单生意，并且还能够得到额外好处，但是想到和自己信奉的诚实守信原则相悖，陈青长还是毫不犹豫地拒绝了对方。没想到这名司机还不死心，进一步加大了给陈青长的好处，并表示自己对陈青长是慕名而来，非常欣赏他的修车技术。对于陈青长来说，这名司机的恭维和让利无疑是更大的诱惑，但陈青长最终还是选择了拒绝，并建议对方去别家修车店。

接下来,这名司机居然火了,他气急败坏地对陈青长说:"难道你还想要更多的好处吗?我开出的条件,已经可以得到这条街上任何一家修理店的同意,你是不是脑子坏掉了!"陈青长见对方根本不可理喻,直接要求他离开自己的修车店,并威胁他说:"如果你再无理取闹,我就去你们公司找你的老板告发你。"然后让陈青长再次意想不到的事情发生了,只见这名司机忽然握住他的手笑了,说:"非常不好意思,我就是公司的老板,我今天是来找一位信得过的合作伙伴的,我们能坐下来好好谈谈吗?"

诚实守信,说起来非常容易,但是真正能够做到这一点,却需要我们下足够大的决心,并且进行矢志不渝的坚持。信守诚信,虽然在短期内难以取得实际收益,但是正如案例中提到的陈青长那样,在经过时间的洗礼和事实的考验之后,我们一定能够成为笑到最后的人,并且能够笑得最甜。相反,如果我们只能靠投机取巧在市场竞争中立足,即使一时能够取得辉煌的成绩,也会如同没有根基的大厦一样,随时可能倒塌。

我国社会自改革开放以来,各行各业都取得了举世瞩目的优异成绩,但是在取得巨大经济效益的同时,我们的诚信却在严重流失。如地沟油、三聚氰胺、毒奶粉等严重损害消费者权益的事情不断出现。对此,我们应该看到,这些企业最终全部都"见光死"。事实上,企业参与市场竞争就好比大浪淘沙,时代的好机会造就一大批企业的辉煌,但是真正能够长时间存活下来的往往屈指可数。如果我们能够仔细探究一下这些企业的生存之道,就会发现它们都有一个共同特点,那就是从来都没有放弃过诚实守信的原则。所以,如果我们不想成为那些被淘汰掉的企业或者被淘汰掉的员工,首先需要遵循的一点就是诚实守信原则。

而对于每一名企业员工来说,遵循诚实守信原则,就要求我们对每一位客户的权益负责,无论出于什么目的,都不能欺骗顾客。因为无论我们有多大的本事,最多都只能欺骗顾客一时,而不可能欺骗顾客一世,当顾客醒过神儿来的时候,我们就会立即失去顾客。而且,顾客之间通常都是一个群体，当我们得到一位顾客真心拥护的时候，就会得到一群顾客的光顾。相反，如果我们欺骗了一名顾客，也会相应地失去一群顾客，损失最严重的人其实还是我们自己和我们的企业。

3.

时刻告诫自己：绝不让客户利益受损

市场竞争中，诚信是企业生存的不二法宝，而我们能否切实维护好属于客户的每一分利益，就成了我们能否在市场竞争中立于不败之地的关键。对于很多企业来说，往往在创建之初能够意识到维护客户利益的重要性，甚至以维护客户利益为公司盈利的最高指导原则。但是随着品牌价值的建立以及竞争压力的增大，很多企业都会把压力转移到消费者身上，从而在取得一些所谓的成绩后，难免会做出“店大欺客”的行为。

事实上，这种做法无异于饮鸩止渴。虽然在短期内可以获得一定收益，但是客户最终将会对我们丧失信任，而我们一旦失去了客户的信任，好不容易建立起来的品牌价值就会在顷刻间荡然无存。到了那个时候，无论我们掌握多少资源，也无论我们再做出什么努力，都将在市场竞争中面临被淘汰的结局。对此，经济学界早已做出结论，一家成熟的企业，其全部运作都必须严格依旧市场情况而定。如果我们连客户的利益都无法维护，那么即使是当前与我们合作的客户也终将离我们而去。

因此，我们不仅要将客户当成上帝，还要将客户当成自己的亲人和朋友，把他们的利益当成自己的利益去思考问题。关键时刻，就算损害自己或公司的利益，也不能让客户的利益受损。毕竟我们经营的是一个品牌，是需要长期保有经济价值的盈利模式，这才是我们企业参与市场竞争的生命线，也是我们每一名企业员工的利益保障。尤其是在产品转移到客户手上之前，只要有一分希望能够让客户更加满意，我们就要付出一百分的努力。当我们的产品或者服务能够切实使得客户满意，甚至打动客户的时候，那么我们的品牌价值也就相应提高了一分。接下来，只要我们能够坚持维护客户利益，不因任何原因而失信于人，最终的成功必将属于我们。

2010年12月，我国中原地区大雪突袭，气温骤降，冬装立即成为热销商品。郑州雪绒花冬装制作公司由于准备充足，又大肆打出宣传广告，及时抓住了这次市场时机，来自各大商场的订单一时如雪片般飞来。如无意外情况，雪绒花公司上到总经理，下到每一位员工，都将在这一年度过愉快的春节。然而，天有不测风云，尽管雪绒花公司对于每一个运作环节都打起了十二分精神，意外情况还是发生了。

2011年1月19日下午5时左右，一辆配送雪绒花冬装产品的货车由于机器老化，在行驶途中忽然发生自燃。虽然司机在火情发生后及时逃生，但是车上价值数十万元的货物被付之一炬，而这批货物正是雪绒花公司的员工加班加点赶制出来的。当事故消息经过物流公司传递到雪绒花公司的时候，早已到了雪绒花制衣厂的下班时间，岗位上只有少数几个值班人员而已。

放下电话，雪绒花公司总经理首先让销售总监和合作商进行接洽，第一时间向对方通报了事故信息，并征得对方谅解。结果被对方劈头盖脸地骂了一顿，而销售总监也只好忍气吞声，因为如果货物不能及时送达对方指定的商场，雪绒花公司大不了失去一个客户，但是对方销售商将承受巨大损失。

然而，尽管被对方无礼责骂，雪绒花公司的总经理首先想到的还是对方的利益。接下来，雪绒花的总经理一面让销售总监继续和对方解释，并初步涉及了一些赔偿问题；一面从该商场周边的商场进行货物调用，争取最大限度填补销售缺口；与此同时，这位总经理下达总动员令，命令所有员工回到工作岗位进行加班，尽快赶制出这批被烧毁的衣服。

经过一整夜的奋斗，雪绒花公司终于成功化解了此次危机。从整体来看，虽然雪绒花公司付出了一定的经济代价，但是此事在业界引起很大的正面反响。此次事件之后，雪绒花公司不仅积累了相关经验，并制定了一套完备的应急措施，而且在良好口碑的作用下，订单也越来越多。

任何一家企业在参与市场竞争的过程中，如果想要取得最终的成功，都必须遵循一定的市场规律。其中，切实维护好客户的利益就是非常重要的一点。事实上，当我们与客户形成商业往来的时候，我们就承担起了一份责任，如果因为我们而造成了客户的利益损失，那么我们的行为就是不负责的表现，最终难免会被客户无情地抛弃。但是，如果我们能够切实维护好客户的利益，就可以得到客户的信任。只要我们将客户数量积累到一定程度，就可以得到整个市场的信任，接下来属于我们的利益也就唾手可得了。所以，与其说我们是在维护客户的利益，不如说我们是在维护企业的利益，并最终得到属于自己的利益。

对于一家成熟的企业来说，如何切实维护客户的利益，应该被当成一种企业文化来建立和培养。我们要让每一名员工长期浸染在“客户利益至上”的理念中，直到所有员工都能够了解并执行这一理念，企业的核心价值也就随之形成了。与此同时，充分认识到客户利益至上的原则，还有助于每一位企业员工的自身成长。因为当我们能够切实维护好客户利益的时候，实际上也就形成了对企业品牌价值的保障，进而使企业的经济收益得到保障，而当企业的经济收益得到保障之后，我们的个人收益自然也能够水涨船高。

有经济学家曾经做过这样一份调查，对象涉及全国 52 个大中城市的上千家企业，结果发现这些企业的寿命基本连 3 年都不到。而奇怪的是，如果有哪家企业能够支撑 3 年以上，那么这家企业多半能够长期做下去，并且生意会越做越大。然而不幸的是，这样的企业最终还不足一成，更多的企业还是会面临倒闭。在进一步的调查中，专家发现这些企业都有一个共同点，那就是无论经过怎样的磨炼，也无论经过了多少的挫折，这些企业从来都没有损害过客户的利益。

4. 注重职业操守,难缠的客户也是客户

我们在职场中打拼,避免不了与形形色色的客户打交道,有些客户固然比较容易接触,但也确实不乏一些比较难缠的客户。作为一名企业员工,我们绝不能妄想自己接触的都是一些容易打交道的客户,这样只能让自己在遭遇难缠客户的时候,被对方搞得手足无措。事实上,既然我们选择了与客户沟通的工作,那么完成相关的沟通工作,就是我们职业操守范畴之内的事。因此,我们绝不能因为客户难缠就放弃与其沟通,而且恰恰相反,我们面对的客户越是难缠,越是能够提高和体现自己的工作能力。如果我们回避那些难缠的客户,从某种程度上来说,也是一种拒绝自我成长和自我发展的不明智之举。

众所周知,一位客户对于我们是否具有价值,关键取决于对方能带给我们多大的经济收益,而不是在于对方是否难缠。而且通常情况下,客户对我们的价值越大,其自身的优越感就会越强,在交流过程刁难我们的可能性就会越大。对此,我们不仅要有蚂蚁啃骨头的精神,同时还要有灵活的应对策略,始终坚信只要对方有需求,不管面临多大的困难,我们都可以完成与他们的沟通,况且,这也是我们的工作职责所在。

与此同时,我们面对那些难缠客户的态度,还会起到一定的广告效应。如果我们拿下了一位比较难缠的客户,其他客户看在眼里之后,也会对我们产生比较正面的评价。如此一来,就为我们继续拓展客户创造了可能性,只要我们把“啃骨头”的精神发扬到底,一定可以在市场竞争中拔得头筹;然而,如果我们总是回避一些比较难缠的客户,那么首先我们的工作能力无法得到提高，自己公司在市场竞争中的表现也会平凡无奇。再者，我们能够轻易得到的客户，别人也能够轻易得到，而一个客户如果轻易就会被别人争取过去，对于我们来说也没有太大的价值。

赵婷婷是沧州鸿宾酒楼的一名前厅经理，2012 年 10 月 21 日，她在例行巡视时忽然接到总台电话，说是有位客人称自己丢了东西，要她立即赶过去处理。虽然总台电话催得很急，但是赵婷婷并没有急着冲进包房，而是及时向值班主管了解了具体情况。结果她从主管口中得知，那位客人比较贪小便宜，用餐之后要求服务员赠送几个果盘。因为要求和酒楼规定不符，服务员委婉拒绝了客人的要求。这个时候，客人感觉自己脸上挂不住，因此谎称丢了东西来为难服务员。

对以上情况了解之后，赵婷婷脑中已经基本想好了应对策略。在进入包房之后，赵婷婷连声对那位客人说："找到了……"那位客人和服务员惊慌的表情，立即让赵婷婷得出结论，即值班主管反映的情况是真实的，客人根本就没有丢东西。于是赵婷婷话锋一转，对客人说："实话和您说，之所以刚刚没有给您上果盘，是因为我们的果盘师父找不到了，现在已经找到了，您稍等一会儿，赠送给您的果盘马上就到。"

客人想想不对劲儿，强作镇定地对赵婷婷说："谁要你的果盘了？我现在丢了东西，如果找不到，你们就得负责赔偿！"赵婷婷依旧笑容满面地说："您先别着急，我们这里经常有客人临时忘记东西，您再好好想想，有没有落在别的什么地方？"客人见赵婷婷给了他台阶下，一时陷入犹豫。赵婷婷则抓住对方迟疑的空当，语气温婉地说："您看，有没有必要请警察过来帮一下忙，毕竟我们能帮您做的事情比较有限。"

客人当然也不愿把事情闹大，就着赵婷婷给他的台阶，胡乱敷衍了一下，便起身去前台结账了。

其实，任何事物都有它的两面性，我们在工作中受到客户的刁难，其道理同样如此。如果客户对我们提出了比较苛刻的要求，那么无疑将会帮助我们提高工作能力和产品质量，那么这种所谓的刁难，实际上对于我们是有益而无害的。而如果客户的需要比较容易满足，我们的工作能力提高和产品质量保障也会失去客观压力，即使自身能够保障成长，速度也会相对缓慢。此外，客户既然刁难我们，还说明了非常重要的一点，那就是他对我们的产品存在兴趣，只不过对于某个“点”还不满意。因为如果客户对我们的产品不感兴趣，根本连看都不会看一眼，更不用说和我们纠缠不清了。

所以，我们不仅不能回避那些难缠的客户，反而应该对他们给予格外关注。在实际操作过程中，我们要注意以下几点：

首先，要学会打太极，避免与客户“硬碰硬”。敢于刁难我们的客户，通常都是比较强硬的，如果我们同样采取强硬的应对策略，那结果可想而知；其次，按照客户的思路考虑问题。通常情况下，敢于刁难人的客户，都比较有自己的想法，他们在决定是否与我们合作时，依据的并不是自身利益最大化，而是我们是否认同他的观点，或者我们是否给予了他足够的尊重；最后，一定要让客户感觉到自己占了便宜。这是任何一个成熟商家所必须了解并掌握的规则，当我们和客户纠缠不清时，降低价格（前提是降低成本）、买一赠一、提供额外服务等转变思路的方法，都可以有效地与客户达成统一意见。

与此同时，我们还要谨记一点。当我们和比较难缠的客户打交道时，虽然可以做出适当的妥协，但绝不能进行毫无原则的妥协，或者妥协得太干脆和太容易。以简单的商品砍价为例，当客户要求我们降低某件商品的价格时，我们即使能够同意，也要想办法暂时转移对方的注意力。比如我们可以让对方先看看其他商品，当对方再次进行砍价的时候，我们就可以把两件商品联系在一起推销，如此不仅能够避免对方二次砍价，还能够多卖出一些商品。

总而言之，难缠的客户绝不等于无法争取的客户，只要我们静下心来认真思考，开动心思灵活应对，最终一定可以得到对方的认可。而且，我们因此得到的成就感，反而会更加强烈。到了那个时候，说不定我们还会主动请缨，强烈要求自己去面对那些比较难缠的客户。

5. 维护客户“面子”，绝不让客户感到难堪

尊重别人，就是尊重自己，尤其是当我们面对自己的客户时，如果失去了相互之间的尊重，沟通起来就会存在障碍，生意谈成的可能性也就无比渺茫了。众所周知，每个人都有得到别人尊重的心理需求，因此，我们在与客户交流的过程中，如果想要得到对方的认可，那么首先需要做到的一点，就是满足客户的这种心理需求。比如当我们意识到客户买不起我们的商品时，我们面临的选择实际上有两种，一种是直戳客户的痛处，冷言相讥，甚至出言不逊；另一种是好言相劝，给出台阶，为客户留足面子。只要我们能够沉静下来仔细思考一番，就会发现一个基本事实，即选择后者要比选择前者对我们更有益。职场生活中，这往往也是衡量一名企业员工是否成熟的重要标志。

因此，作为一名合格的企业员工，我们从开始接触客户到送走客户，都必须给出一流的服务质量和服务态度，绝不能因为任何原因而让客户感到难堪。唯有如此，我们才能够在工作中如鱼得水，并且时刻有一个好心情。尤其是那些“本应”被我们羞辱的客户，很可能在别的地方经常被讥讽，如果我们对他们给予充分的尊重，他们也许会成为我们的忠诚客户甚至终身客户。所以，作为一名销售人员，我们应该具有这样的基本认识，即从个人的角度来讲，我们对任何人都有心存不满的自由，但是维护客户面子是我们的工作职责所在。为此，不管遇到什么的客户，也不管遇到什么样的事情，我们都应该以维护客户的面子为最高原则。

在销售行业当中,经常可以听到这样一句话:“我们为客户挣面子,客户和我们签单子。”这句话虽然听起来很简单,却基本上揭示了维护客户面子对于销售工作的重要性。至于如何关照客户的面子,我们至少要做到以下三点:

首先,包容客户的观点。销售工作不是辩论赛,如何根据客户的想法制定自己的销售思路,才是我们应该追求的职业素养;其次,不要打断客户讲话。也许我们会在工作中遇到一些喋喋不休的客户,在这种情况下,我们就需要做一些提纲挈领的工作,总结而不是打断客户的话。即使我们清晰感觉到对方没有合作的意愿,也要礼貌地结束对话;最后,切忌当面揭穿客户的谎话。这个道理很简单,没有人可以一生不说谎话,所以无论客户出于什么原因说了谎话,被我们戳穿后都会有损对方的颜面。但是在现实工作中,就是有一些人以戳穿别人的假话为荣,因而受到别人的厌烦。作为一名合格的企业员工,我们必须对这些人引以为戒,避免自己受到集体的排斥。

当然,最为关键的问题是,只要我们做到以上三点,客户会感受到我们对他的尊重。如此一来,我们谈成生意的可能性就会大幅提高,而这恰恰就是我们想要的。至于对客户面子维护与否的不同结果,我们可以通过以下两封催款信的内容感受一下。

催款信一:

尊敬的客户,你于上月(12月)1日至31日欠费296元。为严肃我公司《收款规定条理规定》,保证我公司合法权益,限你在本月(1月)5日以前缴清所欠费用。如果逾期未缴纳欠款,我公司将按规定单方面终止合同。恢复合同,你需要按我公司制定的《市场经营管理法》相关款项规定,进行违约金支付。详情可以拨打电话130××××××××咨询。

2012年1月1日

催款信二:

亲爱的李先生,相信您一定有过追讨别人欠款的尴尬经历。不幸的是,我公司现在正面临这样的尴尬。在本月(3月)之前,您一向按时足额缴纳相关费用，可是这个月我们却发现您没有按时缴纳。对此，我们相信您一定是遇到了什么特殊情况，希望您可以致函通知详细情况，我们公司一定竭尽全力为您排忧解难。当然，也许问题出在邮递公司环节，如果您的货款已经寄出，请您忽略此信，我们为贸然打扰您而感到抱歉。

2013 年 3 月 1 日

同为催款信，相信客户看到它们时的心理感受完全不同。其中第一封催款信，除了开头的称呼还算礼貌外，其余全部内容无不生硬冰冷，官僚主义和形式主义充斥在字里行间，丝毫感觉不到对客户的尊重和理解。对于这样的一家公司来说，他们提供的服务质量和服务态度也就可想而知了，如果客户有其他消费选择，那么立即就会将这家公司排除掉。因为他们不仅早已忘记了“顾客就是上帝”的市场原则，甚至连人与人之间基本的尊重都已经丢掉。如果客户是经常恶意欠费的“钉子户”还有情可原，但是如果客户只是因为特殊情况而临时耽误还款，那么这封催款信简直会让人怒火中烧。

而第二封催款信则非常值得肯定，其中内容不仅语气十分委婉，而且尊重和体谅客户的温暖气息几乎包融着每一个字。此外，我们从内容还可以看出，这封信是该公司针对这位客户委派专人书写的，信函内容完全没有让人感到难堪。对于该公司来说，信函内容不仅完成了催款的目的，同时也能够留住客户，从而使公司的利益得到长期保障。我们由此不难看出该公司的服务质量和服务态度也一定有所保障，我们也就可以放心并且舒心地继续与之打交道了。如果接到这封信的用户刚好是上一家公司转移过来的，那么仅仅是这封信，已经足以让这位客户永远支持这家公司了。

职场生活中，我们同样需要时刻维护客户的面子，保证绝不给客户造成任何难堪。事实上，在大多数情况下，我们面临的境遇不会存在太大差异，甚至使用的方法都如出一辙，但就是因为心理和态度的不同，而造成了完全不一样的最终结果。在此，我们必须谨记一点，即无论到了什么时候，也无论遇到了什么问题，都必须能够尊重并且维护客户的颜面。只有这样，我们才能够得到客户的青睐，从而为我们的工作成功奠定基础。

第十一章

企业文化：坚决贯彻企业文化，争做一名优秀的主人翁

企业作为一个整体，必须使所有员工形成足够的凝聚力才能创造经济效益。对此，企业除了要制定各项制度来进行保障，同时还必须建设无处不在的企业文化，在精神上使所有企业员工团结在一起。而作为一名企业员工，如果我们想让自己变得更加优秀，就要积极主动地去学习企业文化，并切实将自己的个人利益和企业的集体利益绑在一起，然后以主人翁的视角去思考问题，积极主动地投入到工作中去，争做企业文化的践行者。

1

贯彻企业文化，做企业文化的“传播者”

企业文化的制定，对于一家企业的整体建设而言，只不过是一个初级阶段。我们只有将企业文化向企业内外进行有效的传播，才能对企业发展起到积极的推动作用，并且最终使企业在市场竞争中形成核心竞争力。概括来说，企业文化传播可以分为向外传播和向内传播，其中，向外传播指的是让客户了解企业文化；向内传播，则指的是每一名员工对企业文化进行学习，这也是我们作为一名企业员工需要格外关注的重点所在。

实际上，所谓企业文化，不仅包括那些可见的明文规定，同时也包括一些无形的思想认识。我们在学习过程中，只有把握住了公司发展的整体思路和最高原则，才能了解企业文化的核心所在。比如有些公司以诚信为本，那么我们在工作过程中就要处处落实诚信二字，绝不能因为自己的疏忽大意而造成企业诚信损失；再比如有些企业以创新为本，那么我们就要培养自己的学习和创新能力，争取在工作中不断建立新的思路。凡此种种。

而从全盘角度来看，企业文化的建立、形成和落实程度，是这家企业发展最为重要的风向标，同时也是这家企业最为核心的市场竞争力。而作为一名企业员工，我们在工作中的具体表现，以及我们走出企业大门之后的一言一行，都将与企业的核心价值观息息相关。在此，虽然企业有义务为我们提供学习的时间和平台，但是企业文化的体现和落实还是要依赖于我们每个人的共同努力和付出。因此，我们在经营自己的职业发展时，必须将企业文化落到实处，并带动其他同事一起进步。

与此同时，加强员工之间的思想交流，也是加强企业文化的重要途径。从根本上来讲，企业文化是一种集体价值观的体现，因此，公司内部企业文化的建立，需要通过各种方法不断进行交流和互动，最终使所有员工的价值观念趋向统一。

吉利集团如今已经成为我国重要的汽车制造商之一，但是回首该公司创建之初，仅仅是一家小规模的电冰箱配件厂。然而，就是抱定“打造世界品牌的中国汽车”理念，吉利集团在李书福的带领下，建立了一套“爱国爱厂”的企业文化，并且一路风雨兼程，最终取得了今天的辉煌成绩。

在2009年的时候，虽然吉利集团已经发展成为国内举足轻重的汽车品牌，但是由于我国社会经济发展起步较晚，吉利集团还是无法在国际汽车市场上施展拳脚。经过一番深入探寻和思索，李书福最终决定收购瑞典的“沃尔沃”汽车公司，并且在这一年年底完成了对该公司所有股权的收购。

然而在很多人看来，李书福收购沃尔沃无疑是一次冒险行为。因为不仅瑞典人自己无法经营好沃尔沃品牌，就连美国通用汽车公司也未能将这个品牌打响（李书福收购沃尔沃时，实际上美国通用汽车公司持有沃尔沃大量股权，并且沃尔沃已经作为通用旗下的汽车品牌运作多时），李书福也根本不可能收拾好这个烂摊子。

然而李书福对此却有自己的看法，在接受记者采访的时候，他坚定地表示说：“国产汽车走向国际市场必然经过一个漫长的过度，我作为这个时代和这个行业的代表者之一，不仅是为了自己和企业，就算为了国家，也必须迈出这艰难的一步。”

当然，李书福的付出并没有白费，因为得到了沃尔沃汽车的所有股权，吉利集团的汽车制造工艺得到质的飞跃。与此同时，李书福还在我国临海、宁波、路桥、上海、兰州、济南和湘潭等地建造了多个整车制造基地，为我国人民创造了大量就业机会。

对此，如果不是“爱国爱厂”的企业文化一直激励着李书福和所有吉利人，他们也无法取得如此辉煌的成绩。

由此我们可以看出，企业文化的建立和传播对于企业生存和发展的重要性不言而喻。首先是对于外部效用来说，企业文化不仅能够使产品得到客户的认可，从而提高企业的品牌价值，继而为企业发展营造良好的市场环境；其次对内部而言，还能够团结企业的所有员工，形成一定的凝聚力，最终使企业在市场竞争中免去后顾之忧。

在建立企业文化之后，如何进行有效的传播？通常来讲，企业文化的传播有很多方法可以选择，但是我们在进行选择的时候，一定要根据企业的实际情况而定。具体的方法，我们可以参考以下几点建议：

(1) 全面做好企业文化的设计工作。这就好比我们每个人都需要建立自己的职业理想和人生目标一样，只有当一份切实可行的计划出炉后，我们的发展才能有迹可循，避免自己走过多的弯路。

(2) 注重企业文化的持续性。企业文化工作需要常抓不懈，要让每一名员工时刻紧绷企业文化这根神经，从而时刻保障企业文化的积极作用，并且能够让企业文化不断深化到每一名员工的内心当中。

(3) 注重企业文化的平台建设。企业文化的建立，还需要常规化和制度化进行保障，但是如果没有一个方便快捷的沟通工具，同样会造成企业员工的排斥心理。因此，我们需要选择一种低成本的交流方式，首选当然就是日益普及的网络服务。

(4) 建立科学合理的学习管理体系。任何学习都需要指导和监督，企业文化学习当然也不例外，尤其是对于企业员工来说，我们应该以工作中的骨干力量为依托，逐层、逐步深化推行企业文化，保障企业文化对所有企业员工的全覆盖。

(5) 注重企业文化的落实。对于企业文化的落实，我们最好建立足够的监督力量，并且最好是员工之间相互监督，甚至相互竞争。

其实，任何一名优秀的企业员工都是企业文化的传播者。所谓“铁打的营盘流水的兵”，无论这家公司日后发生怎样的人事变动，企业文化还是会作为一种无形资产而留存下来。对此我们也要认清一点，只要企业员工的素质足够优秀，那么他们就是企业文化的“第一传播者”。因为对于一名优秀的员工而言，不仅能够为同事率先垂范，而且在走出企业之后，他们还能够在社会上宣扬企业文化，从而为企业创造最大的经济价值。

2. 与企业价值观保持一致，在努力奋斗中茁壮成长

与企业价值观保持一致，实际上就是对所有员工的思想进行统一，然后借此形成团队凝聚力，从而增强企业的市场竞争力。与此同时，公司也希望每一名员工能够不断成长，因为所谓公司的成长，绝大部分都是要依赖员工的成长。目前，经济学界已经统一观点，认为企业价值观是一家企业的核心竞争力的表现。因此，一家企业能否建立起自己的价值观，并且将价值观成功转化为经济效益，将直接决定这家公司在市场竞争中的成败。而作为一名企业员工，我们能否与企业价值观保持一致，不仅会直接决定自己的个人职业命运，还会对企业价值观建设造成完全不同的影响。

众所周知，如果是在一家发展相对比较成熟的公司，我们的升迁会非常困难，即使我们的工作能力非常卓越也没有用。但是如果我们在一家刚刚起步的企业工作，只要我们能够胜任工作，升迁的机会将大得多。因此，如果我们对自己的职业发展期待值较高，并且希望自己尽快实现预期目标，完全可以选择一家刚刚起步的公司，然后把这家公司当成自己的公司，与之共同成长。此外，在一家发展比较成熟的公司，如果我们想在短期内获得升迁，也要主动参与变革，总之离不开和公司的共同成长。

事实上，任何一家成熟的公司都会形成自己独特的企业价值观，并且制定明确的规则和目标。这些东西看似和我们的关系不大，但实际上却和我们职业发展一脉相连。如果我们不能与之保持高度一致，必然会遭到包括老板在内的集体排斥。相反，如果我们能够认可企业的价值观，并且能够与之保持高度一致，则可以快速和同事打成一片，对于我们的职业发展来说，也无疑会助益良多。

早在1999年年末，如今已经头顶我国“第一大搜索引擎”头衔的百度，还是一家名不见经传的小公司。创始人李彦宏在美国硅谷亲眼见证了谷歌的崛起，很快意识到了国产搜索引擎的未来市场，于是他立即回到国内着手创建百度公司。

虽然面临着资金、技术、管理等多重困难，但是为了使我国拥有自主的搜索引擎，李彦宏还是顶住巨大压力，一手创办了百度公司，并制定了“爱祖国、爱人民、爱公司”的企业价值观。接下来，虽然李彦宏成功设计并上线了百度搜索引擎，但是在运行初期就陷入了资金困境。

艰难时刻李彦宏的管理才能得到显现。为了稳定军心，他允许那些对公司失去信心的员工自愿离开，并为他们结清工资。这一无奈举措，虽然为留下的员工陡然增加了工作压力，但是和他们之后得到的回报相比，简直不值一提。更为关键的是，在挺过最为艰难的阶段后，李彦宏也拥有了一批高度认可其企业价值观的员工。又因为李彦宏和这些员工共同持有股权，随着百度公司市值的增加，这些员工的身价也都一路看涨。

2005年8月15日，百度在美国纳斯达克上市，股票价格一路狂飙到122.5美元，公司整体市值也一举突破40亿美元大关。对此，曾经在最艰难时刻留守百度的那些坚定员工，身价也再一次得到大幅提升。据悉，仅在上市当天，不包括李彦宏在内，百度公司就创造了8个亿万富翁，51个千万富翁，以及240个百万富翁。

最值得称道的是一名保洁阿姨，这个来自乡下的朴实农妇，

记住了招聘人员传递给她的企业价值观,一直坚持留在百度工作。在最艰难的时候,这位保洁阿姨居然可以不计工资,“义务”为百度员工做清洁工。后来,李彦宏把欠发她的工资折成股份相赠,百度上市之后,这个普通的保洁阿姨,一跃成为身价过百万的富翁。

在我们的职场生活中,也许很难遇到像百度公司这样的发展特例,但是为了让自己的职业发展得到最大保障,我们还是要积极学习并最终融入企业文化。否则,即使我们勉强留在公司工作,也难以取得职业发展。尤其当我们进入一家发展比较成熟的公司后,如果无法融入公司的企业价值观,最终只能面临被踢出局的下场。而且在多数情况下,我们甚至根本不知道自己的问题出在哪里,从而导致自己在每一家公司都无法融入正常的工作环境。

所以,当我们进入一家新的公司后,第一件要做的事情,就是要全面并深入地了解企业的价值观。及时了解公司的各种规定,因为不同的公司会有不同的价值观,我们在长期供职于一家公司后,相关的企业价值观也会形成惯性。如果不能及时进行学习,必定会在新的公司步履维艰,甚至在不知不觉中触犯众怒。比如有些公司比较注重员工的个人能力提高,因此我们长时间致力于提高自己的工作能力,对于任何工作挑战都会积极主动地迎难而上。但是有些公司却比较注重团队协作,任何突出的个人表现都会受到集体排斥,在这种情况下,我们就必须尽快改变自己的工作习惯。

至于如何了解公司的企业价值观,我们可以从以下三点进行着手,具体内容为:首先,了解公司的发展经历,培养自己对企业的认同感和自豪感;其次,了解公司的人事构成,至少也要保证知道公司的主要负责人,见面的时候必须打招呼。在此基础上,我们了解的人越多,对于企业的价值观学习就会越快,并且越深入;最后,了解公司未来的发展目标,方便自己结合个人发展制定职业规划,并且在此过程中,尽力对企业文化建设贡献自己的力量。

3. 积极参加企业文化活动,全面融入企业文化氛围

现代职场活动中,企业文化的积极作用越来越显著,很多公司都开始有所重视。但是对于企业文化的建设,却不是一朝一夕可以完成的,而是需要持续不断地学习和落实。因此,很多公司为了营造自己的企业文化,都会开展一些必要的文化活动,全面引领员工融入企业文化。我们作为一名企业员工,也只有积极参与到这些活动中去,才能了解并且融入其中。

具体来讲,企业文化的建设,虽然需要公司进行制定和引导,但是最终能否对企业的综合发展起到积极作用,很大程度上还是要取决于落实和执行阶段。而对于企业文化的落实和执行,无疑要依赖于每一名企业员工的努力,如果我们不能切实做到这一点,那么即使企业文化再怎么完美,也会成为空中楼阁,对于企业的发展根本起不到任何实际作用。因此,对于一家公司来说,如果想要建立浓郁的企业文化,不仅要制定切实可行的培训计划,还要充分调动员工的积极性,确保员工能够自觉自主地进行相关学习,并不折不扣地落实到每一项工作中去。

然而,对于一些员工来说,往往会认为企业文化是遥不可及的,自己无法也无须进行学习和执行。其实,企业文化就在我们身边,如果我们能够进行充分的学习和执行,那么我们的一举一动都会成为企业文化的体现。否则,我们将只能和企业文化渐行渐远,直到最终被企业淘汰出局,甚至造成整个公司在市场竞争中的落败。美国传奇商界领袖杰克·韦尔奇曾经说:“相对于那些能力突出而不认同企业文化的员工,我青睐于那些能力平平,但是对企业文化却高度认可的员工。”通用电气也正是在这种企业文化的作用下,才最终成为美国商业史上的一朵奇葩,并且至今被世人尊为企业文化建设的典范。

程秋歌是一名留法归国的管理学硕士，凭着多年海外工作的实践经验，他在归国后很快成为各大用人单位竞相争夺的对象。最终，程秋歌选择了一家薪酬最高的公司，然后踌躇满志地准备成就一番作为。

但是当程秋歌投入到具体工作中后，却发现实际情况和他想象的完全不一样，实际上是与他曾经供职的企业具有极大文化差异。但是程秋歌却没有及时认识到这一点，对于公司每周开展的文化活动，他从来没有正眼瞧过一回。在私下里，程秋歌还大肆宣扬他在国外学习到的企业文化，甚至对公司核心文化大肆非议。

作为公司重点引进的人才，程秋歌的言论很快引起了公司的关注。为了让他尽快调整工作状态，发挥其应有的积极作用，领导及时与他谈了话。内容涉及我国社会经济的一些实际情况，以及在这种实际情况下所形成的企业文化，必定会与西方社会有所不同。如果他继续一意孤行，不仅会影响他的个人职业发展，还会对公司已经相对成熟的企业文化造成负面影响。

领导的警示对程秋歌触动很大，原本目空一切的他，很快意识到自己需要学习的东西还有很多。在此之后，程秋歌开始认真学习企业文化，积极参与公司开展的各种文化活动，最终得以成功融入到企业文化中。融入了企业文化，就等于端正了工作态度，并且具备了工作动力。于是，程秋歌丰富的工作经验终于显现出来，尤其是在他的工作经验与企业文化融为一体后，程秋歌的工作变得更加游刃有余。

更为关键的是，其他同事也开始主动接近程秋歌，而不是像此前那样将他视为一个异类。看到程秋歌的成长，领导也为他提供了充分的展现平台，这也最终使得程秋歌与公司取得了共同的发展。

由此我们可以看出，对于任何一名企业员工来说，能否认可并融入企业文化，都是其职业发展的一个关键问题。所以，如果我们要想在职场中谋求个人的利益发展，必须遵从企业的综合利益需求，融入企业文化也就成了首要条件。相反，如果我们不能和企业文化保持高度一致，那么我们就不能按照企业的思路去考虑问题，如此难免会与企业发展目标相左。如此一来，即使我们的想法和做法是正确的，也无法保障对整个公司的发展做出贡献，甚至会起到完全相反的作用。接下来，对我们自己的职业发展，也就更加没有保障了。

其实，对于任何一家公司来说，企业文化的建设，都必须以共同价值观为出发点，并且以每一名员工的贯彻执行为落脚点。而这样一个庞大的流程，无疑需要充分的企业文化来进行保障，这就要求所有员工都必须全身心地融入到企业文化中。所以，我们作为一名企业员工，不仅要对企业的各项明文规定严格遵守，还要对企业思想和企业精神进行深入了解，确保自己对于企业文化的学习和落实。

4. 努力学习企业文化，在实践中走向优秀

现实职场生活中，由于学习行为基本不需要承担任何风险，而实践却可能因为最终的失败而付出相应代价，因此，很多人对于企业文化的学习，都只是停留在学习的阶段上，大多并没有与自己的实际工作联系在一起。对此，我们必须谨记一点，即虽然在不了解企业文化的情况下，我们仍然可以很好地完成工作。但是如果我们能够深入了解企业文化，工作起来就可以变得轻松愉悦，而不是机械麻木，敷衍了事。

皮伟曾是一家医院的主治医师，由于退休后无事可做，又看准社区内的医疗市场，他最终创办了一家私人诊所。然而，进入经营阶段后，皮伟却发现实际情况与他想象的并不一样，大多数病人对于用药都很有自己的想法，尤其是一些常年被疾病困扰的病人，他们到诊所基本上就是来拿药的。至于一些病人自己解决不了的问题，他们又会选择去大医院进行检查，小诊所的诊断功用其实早已大幅削弱。

在这种实际情况下，皮伟及时调整了经营策略，将小诊所摇身一变，成了一家商场式的大型综合性药店。接下来，皮伟面临的问题仍然是吸引顾客，他首先想到的是多元化经营，也就是在货架上罗列品类繁杂的药品，以便为顾客提供充足的选择空间。然而，现实的运营情况再次向皮伟泼了一盆冷水，由于他上架的药品种类太多，药店几乎被他经营成了杂货铺，一些人甚至冲进店里向他购买食物和饮料。

于是，皮伟终于意识到，多元化的经营也必须建立在专业化的基础上，最终建立“一专多兼”的经营模式。对此，皮伟有充足的竞争优势，也就是他丰富的从医经验能够为顾客提供专业的指导。由于皮伟这次准确发挥了自己的优势，规避了自己的不足，药店的营业额得到了显著提高。

不过很可惜，由于我国医药行业属于超高收益行业，在皮伟成功经营出自己的药店之后，社区又林林总总地出现了很多家药店。为了能够吸引顾客，一些商家不惜血本，以拉低价格的方式，搞起恶性竞争。为此，皮伟的药店收益也受到严重影响，眼看就有关门大吉的危险。关键时刻，女儿的护肤品给了皮伟灵感，既然诸多护肤品厂商都打出了各种治疗效果的广告，当然也可以将护肤品引入药店。

经过实践检验，这一招果然见效。由于人们对药店仍抱有一定的信赖度，更多的人还是愿意到药店购买化妆品，因为医生能够给出的专业指导毕竟要比售货员多。为此，皮伟将药店的主营商品锁定在护肤品上，从而渡过了艰难的竞争期，成为最终的赢家。

从私人诊所到护肤品专卖店，结果和皮伟的初衷存在天壤之别，而这一切都取决于实际情况的不同。我们对于企业文化的学习，也应该以实践为基础来全面进行，不仅不能脱离实践规则，而且要以实践为主体，学习一次就实践一次，实践一次再学习一次。唯有如此，我们才能尽快地、真正地了解企业文化，并最终切实应用到实际工作中去，从而完成自身的职业成长，并为企业发展做出自己应有的贡献。

事实上，学习是一个永恒的过程，只要我们对于自己的未来发展还有期待，就应该不断地努力学习。而现代职场对于工作经验的重视，已经达到了一个无以复加的地步，很多企业甚至只看能力不看文凭。我们想要在现代职场中成就一番作为，对于学习过程中的实践经验的积累就成了最为关键的一点。对此，我们必须在工作实践中努力学习企业文化，然后再全面深入地落实到工作实践中，从而形成一个良性的自我成长循环，进而不断提高自己的工作能力，并最终成长为一名优秀的企业员工。

5. 坚决执行：企业文化重在落实

职场生活中，很多人都会认为自己对企业文化了如指掌，甚至可以对企业的各项明文规定倒背如流。然而实际上，企业文化的体现完全在落实阶段，我们只有把企业文化当成一种工作指导和行为准则，企业文化才能具有真正意义。况且，企业文化并非是固定不变的，而是在不断发展和变化的。因此，我们对于企业文化的学习，也应该是持续不断的。这其中最重要的一点就是要将企业文化落实到每一项工作中，然后在工作中不断学习和提高自己对于企业文化的认识。

香港首富李嘉诚曾经在他的著作中提到："对于企业文化的学习，一百个人当中有九十九个都能合格，其中甚至不乏一些学习天才。但是，说到把企业文化落实到位，一百个人当中却通常不超过一个。而这个人，就是我们重点培养的对象，并且不需要花费太多气力，就可以把他锻造成为将帅之才。"我们在现实职场中，也经常可以看到这样两种人，一种人是满口的企业文化，执行起来却马马虎虎；另一种人则尽量保持低调，但是对于企业文化的学习和执行却丝毫不打折扣。如果我们想让自己得到更好的职业发展，为自己做出何种选择也就不言而喻了。

沃尔玛是我们大家所熟知的全球性大型连锁超市，截止到2012年年底，该企业在世界范围内建立的分销中心已经超过3000个，店铺则一举突破了20000家。那么，沃尔玛公司为什么能够在世界众多连锁销售品牌中脱颖而出，并且在经济危机席卷全球的不利形势下得以发展呢？答案就是该公司对于企业文化的完美落实。

节俭是沃尔玛公司的一项标志性企业文化，为了降低运营成本，创始人山姆·沃尔顿几乎缩减了所有能够缩减的开支。而且在对待客户方面，山姆·沃尔顿也打出了"为顾客节省每一分钱"的口号，力图全面深入地推行节俭文化，然后以此吸引顾客，创造价值。与此同时，山姆·沃尔顿本人也做到了率先垂范，据美国《时代周刊》报道，山姆·沃尔顿为了节省公司用电，曾经数十年如一日地靠双腿上下5层楼。

2008年，经济危机开始肆虐之初，实际上很多公司都推出了一些应对措施。但是山姆·沃尔顿却做出了惊人之举：一向惜金如命的他，居然耗费7亿美元的天文数字，打造了一套覆盖沃尔玛整个运作体系的监督系统，其中不仅使用了大量先进科技，还建造了史无前例的庞大数据信息库。至于这项巨大工程的作用，其实只有一点，那就是监督所有沃尔玛员工对于企业文化的贯彻执行。

事实上，这套系统所涵盖的范围和深入的细节已经到了让人吃惊的地步。据悉，只要这套系统处于运行状态，山姆·沃尔顿就可以在他的办公室里对所有员工进行实时监控，任何一名员工做出违背企业文化的行为，都会在第一时间被他得知。就是在这套监督系统的保障下，山姆·沃尔顿让每一名员工都浸染在了企业文化当中，从而不断为公司创造经济价值，这也让沃尔玛公司最终顺利渡过了此次经济危机。

由此我们可以看出，企业文化的落实对于企业发展作用甚大，经济危机之所以造成那么多公司倒闭，往往就在于他们不能坚决执行企业文化。而山姆·沃尔顿却对企业文化的落实给予了足够关注，这也使得一向以“抠门儿”著称的他，果断下定了花费巨资打造监督系统的决心，而结果无疑也证明了山姆·沃尔顿的想法是正确的。试想，如果不是因为这套监督系统，沃尔玛全球数十万员工，又都有着各自不同的文化背景，对于沃尔玛公司的企业文化落实必定会大打折扣。那样一来，很可能发生在2008年的经济危机也会成为沃尔玛公司在商界的绝唱。

因此，我们作为一名企业员工，无论遇到什么情况，也无论遭遇什么困难，只要还对自己和企业的发展有所期望，都应该时刻关注企业文化的学习和落实。如果能够切实做到这一点，那么我们就可以不断提高自己的工作能力，从而帮助企业走向更大的成功目标，并且最终实现自己的理想和目标；相反，如果我们不能做到这一点，即使能够勉强留在企业工作，自己的前途也会一片渺茫。而且更重要的是，我们的存在还会成为企业文化建设的败笔甚至障碍，从而对企业发展造成负面作用，我们自己的职业发展也会失去保障。

所以，作为一名企业员工，我们应该时刻谨记，学习和了解企业文化，只是我们完成职场修为的万里长征第一步。如何将企业文化落实到每一项具体的工作中，才是我们最终要努力实现的目标，因为只有如此，我们才能完成自身的成长，并为企业发展和价值建设贡献出自己的力量。

第十二章

和谐关系：坚守契约精神，维护企业的和谐与发展

俗话说："家和万事兴。"对于一家企业内部的人际关系来说，同样如此。如果我们能够身处一个和谐的工作环境中，就可以将全部精力投入到工作中，那么个人的成长和公司的发展都将受益无穷。相反，如果我们身处的人际关系失和，就会消耗大部分时间和精力在一些鸡毛蒜皮的小事上，那么我们个人的成长和企业的发展也会受到影响。为此，我们应该主动遵从契约精神，积极融入集体环境，全面维护和谐的工作氛围，为企业发展做出自己应有的贡献。

1

和谐关系是推助你走向优秀的"强力引擎"

人是组成整个社会的基本细胞，我们在社会中打拼，实际上就是在和每个人打交道。因此，我们在职场奋斗中能否打拼出自己理想的成绩，很大程度上取决于我们与人打交道的本领。其中最理想的状态，当然就是拥有一个和谐的人际关系，从而建立一个和谐的工作环境。如果我们能够善于维护旧有的人际关系，并且善于发掘新的人际关系，就如同是在不断积累自己的资源和财富。而且对于我们来说，人脉是最宝贵的资源和财富，因为它通常包含各种各样的资源财富。

在我们的人际交往过程中，尤其是在职场中的人际交往，往往会牵扯到方方面面的利益和规则。而我们作为一名职场人士，如果不能将这些问题处理好，就无法营造良好的工作和发展环境，那么最终将难免遭遇失败的命运。也许有人会觉得，人际交往在很多时候会显得过于世故，甚至显得虚伪。但是从实际角度来讲，这些不过是一种人与人之间的交往规则，是我们维持和谐关系与走向出类拔萃的基本保障。如果我们不能遵循这些规则，反而会成为众人眼中的异类，最终受到集体的排斥，到了那个时候，世故与否或者虚伪与否，都将没有任何意义。

众所周知，成功概率的增加，并不取决于我们拥有多少资源，而在于我们能够真正运用多少资源。维护和谐的人际关系，自然就成了我们大量运用各类资源的最佳保障，如果我们处在一个关系失和的环境中，即使一时能够呼风唤雨，关键时刻也难保不会有人拆自己的台。古语有云："得道多助，失道寡助。"道理全在于此。古希腊也有这样一条至理名言，叫作“成功等于两分努力加八分人脉”。因此，对于所有职场人士来说，如果想要不断提高自己的工作能力，并最终变得优秀，首先必须要保障自身工作环境的和谐。

倪大海是重庆市水利局的一名员工，由于从小养成了力求完美的习惯，加之性格比较孤僻，他的人际关系一直不是很好。参加工作后，虽然在工作方面表现卓越，但是同事们对倪大海还是比较排斥，这也让他的性格越来越孤僻，人际关系更是搞得一团糟。单位领导虽然也对倪大海的性格很头疼，但是对他的工作能力还是比较欣赏的，因此决定帮他改掉坏脾气。利用业余时间，领导经常找倪大海谈话，尤其是每次在倪大海与同事闹了矛盾后，对他的引导可谓不遗余力。

一次，领导举行生日宴请，秘书将所有邀请函都发放到了员工手里，唯独扣下倪大海的那份。当然，这位秘书的做法也得到了很多同事的支持，因为大家普遍都比较讨厌倪大海，所以为了宴会环境的和谐，还是避免让他出场为好。然而实际上，领导的这次生日宴请，正是针对倪大海所设，目的就是为了建立倪大海与同事们的交流平台。

宴请当天，倪大海见唯独没有自己的邀请函，下班之后便赌气回了家。宴会上，领导一直等不到倪大海，也连连向秘书询问究竟。开始时，这位秘书还能搪塞几句，但是禁不住领导一再发问，还是将实情说了出来。领导听了之后，虽然没有生气，但还是指出了大家的不足之处。然后宴请继续，但第二天要集体向倪大海道歉。

到了第二天，当倪大海走进办公区后，众同事在秘书的带领下，都陆续走到他面前，并你一言我一语地道起歉来。倪大海对突如其来的道歉感到很不适，但是见大家都是诚心诚意，他也开始笨嘴拙舌地向大家道歉，并表示昨天是因为自己“有事”，下班之后才“急着”离开。同事们从来没见过倪大海这副羞赧的样子，同样是在秘书的引领下，终于和他欢声笑语地交流了起来。

办公室里，领导透过百叶窗将整个经过看在眼里。秘书适时敲门进入，关好门后，他凑到领导跟前小声说："还是您老高明。"领导什么都没说，只是微笑着点了点头。而从此之后，倪大海和同事们的关系也终于渐渐和谐了起来。

我们都知道，和谐的工作环境需要每个员工的维持，其中只要有一个不合群者，都会对整个环境造成负面影响。如果不合群者多了，那么整个工作环境就会变得一团糟，如此一来，集体的工作效率也就可想而知了。在这种情况下，不仅集体的发展会举步维艰，每一名员工的个人成长也将失去空间。对此，我们作为一名合格的企业员工，即使自己有一些比较独特的想法，也要处处以主流意识为行为准则。所以，当我们想要以个人的意愿影响集体意识的时候，最基本同时也是最重要的一个前提，就是维护整个工作环境的和谐。

至于我们如何维持和谐的人际关系，具体内容可以参考以下几点：

(1) 塑造诚实守信的个人形象。不管到了什么时候，反复无常的小人都不会受到大家的欢迎，而只能受到集体的排斥。所以，无论出现什么情况，我们都不能失信于人，哪怕我们当面拒绝那些爱莫能助的同事，也比答应别人后，最终却无法完成要有利得多。

(2) 培养自己的宽容之心。所谓"宽容别人就是宽容自己"，身在职场中，我们每天需要面对的人和事多如牛毛。如果我们对每件事都锱铢必较，那么自己的情绪必定会被这些小事搞得一团糟，怀着这种心情与人交往，结果也就可想而知了。

(3) 树立正确的价值观念。人生在世，每个人所追求的终极目标，说白了无非"幸福"二字，当我们能够真正以幸福与否来衡量自己的得失时，很多事情也就自然而然地想开了。在这种心境下与人交往，我们就能够对别人充满爱心和关怀，一个和谐的人际关系也就随之形成了。

(4) 建立充足的团队意识。对于一家公司来说，它的员工是散沙一盘还是铁板一块，将直接决定其生命力的强弱。当我们能够意识到这一点的时候，也就能够意识到了团队合作的重要性，而我们要想实现“精诚所至，金石为开”的职业突破，关键当然还是要维护和谐的工作环境。

和谐的工作环境，不仅是企业取得发展的重要基石，同时也是每一名员工走向优秀的最佳平台。所以，我们无论是出于对集体利益的考虑，还是出于对个人利益的考虑，首先都必须致力于建设和谐的工作环境。

2. 坚守契约精神，才能让企业永葆和谐关系

契约一词来源于古拉丁语，是一种人与人之间的书面约定，具体形式就是我们今天看到的合同书。从实际效力的角度来看，契约和法律不同，不具有强制执行的属性，只是人们之间建立、更改和取消民事关系的书面协议。但是，契约却关系到一个比法律更加重要的问题，那就是诚信。在职场竞争中，我们经常可以看到一些在短时间内风生水起的公司，然而这些公司在消失的时候，却也如同他们出现时一样地稀里糊涂。究其原因，就是因为他们只是靠着一时小聪明崛起，并没有按照市场的内在规则进行经营，其中最重要的一点，就是没有完成企业契约精神的建立。

我国社会改革开放 30 年来，很多企业都处在自然生长的阶段，这种成长看似强劲，实则后继无力，更不要说为市场竞争的和谐贡献力量。如果我们想要走向文明，在全社会范围内建立起契约精神，就是首先需要完成的事情。也许有些人会说，我们的社会也处处都有契约存在，难道这不是一种文明的表现吗？事实上，契约精神和契约是完全不同的两个概念，契约精神是一种建立诚信和消除矛盾的心灵约定，是一种主动的、发自内心的愿望，因此才被称之为精神；而契约则仅仅是一纸文书，如果签订双方不具备契约精神，那么契约本身就会成为一种欺诈的手段，建立诚信和消除矛盾也就更加无从谈起了。

现实市场竞争中,我们只有脚踏实地、诚实守信,默守并宣扬契约精神,才能减少矛盾,维护和谐,最终使企业形成持久的生命力。事实上,契约精神可以存在于任何双方之间,比如人与人、人与企业、企业与企业、企业和客户等。由此我们也可以看出,如此繁杂的社会关系,如果没有契约精神的约束,必定会变得一团糟,届时将没有任何一方的利益能够得到有效保障。

英国著名剧作家莎士比亚的作品中,曾经出现过一段关于契约精神的桥段,其内容如下:

威尼斯商人安东尼依靠海运立足市场,为了完成自己的生意,他向犹太人夏洛克借了一大笔钱。二人在签署的契约中规定,如果安东尼不能按期还款,夏洛克可以向他索要“心脏上的一磅肉”,也就是要他的命。

结果很不幸,安东尼的商船在航行途中遇到风暴,船毁人亡,安东尼也因此破了产。而他接下来所要面对的,当然就是夏洛克的“索命”,夏洛克也确实如期而至。面对如此残酷的事实,很多人都是不愿看到的,其中甚至包括当时威尼斯城的最高权力者。因为安东尼不仅是一名商人,还是一位艺术家和慈善家,为威尼斯城做出过很多贡献。

然而,安东尼却谢绝了所有人的好意,毅然走上了审判席。他在庭辩时表示:“威尼斯城之所以能够维持商业兴盛,最重要的一点就是每个人都在严守契约精神,如果这种契约精神被破坏掉,那么威尼斯的繁荣终将面临覆灭。所以,我愿意认罪伏法,听任夏洛克的处罚。”安东尼的这种做法让很多人所感动,所谓“法律不外乎人情”,何况只是他和夏洛克两个人之间的契约。可惜的是,夏洛克却并没有顺应民意,而是一意孤行地要置安东尼于死地。他的这种态度,也惹恼了一位年轻的女律师鲍西亚,这也直接促使她成为了安东尼的辩护律师。最终的结果不难想象，鲍西亚毕竟是一名专业的律师，略施小计便让夏洛克败下阵去，安东尼也终于逃过此劫。当然，安东尼并没有因此而放弃契约精神，而是更加努力地去经商赚钱，只求早日还清夏洛克的欠款。夏洛克也只好默认了这样的事实，实际上等于是与安东尼重新签订了契约，这也就成了一次没有破坏契约精神的契约破坏事件。

虽然安东尼最终破坏了契约，但实际上却并没有破坏契约精神，而且即使是具体的破坏行为，也建立在法律基础上，何况还有强大的人情作为后盾。由此我们也可以看出，威尼斯作为一座资源匮乏的水城，之所以能够创造世界级的商业神话，正是因为所有商人对于契约精神的信守。我们作为一名企业员工，如果能够培养自己具有十足的契约精神，最终也一定能够完成自己的职业理想。相反，如果我们不能信守契约精神，则只能在职场生活中处处碰壁，即使一时侥幸取得成功，最终也必将面临失败的结局。

其实，契约作为一种信用约定，本身就是以相互之间的遵守为存在意义的，如果一方或者双方都不能遵守，那么它也就没有存在意义了。我们作为一名企业员工，遵守契约就是在信守诚信，信守诚信就可以得享和谐。除此之外，如果我们违背了契约精神，甚至直接违反了契约规定，还会不可避免地受到道德审判，从而遭到社会范围内的排斥和谴责。我们在现实职场生活中，如果想要真正地融入集体，并取得一定的职业发展，遵守契约，继而具备契约精神，就成了一个重要前提。

有人说，中国人的智慧就是破坏规则的智慧，那些“成功”破坏了规则的人，甚至叫嚣“规则的建立，就是为了破坏”。对此，我们虽然不能苟同，但是必须引以为戒，比如在我国历史故事中，被人们广为传诵的“田忌赛马”，实际上就是一种破坏规则的行为。但是在很多人眼中，却将这种破坏规则的行为视作智慧，甚至在自己的工作中“学以致用”。

众所周知，人类的动物属性决定了我们的自私性，我们不是圣人，没有足够的心理修为，想要维护相互之间的和谐共处，必须依靠相互之间的契约精神。而且契约作为人类活动的基本保障，只有被所有人共同信奉，才能保障那些遵守契约者的利益。否则，不仅遵守者的利益会被侵犯，破坏者的利益也终将失去保障。也许破坏契约能够为我们带来短暂的收益，甚至我们还可以建立起新的规则来维护既得利益，但是如果大家仍然没有契约精神，那么新的规则也将很快被大家所破坏。

作为企业员工，如果我们想要在职场竞争中占据自己的一席之地，必须要严格遵守契约精神。而作为一家企业，也唯有组建了具有契约精神的团队，才能永葆企业内部环境的和谐与融洽。

3. 建立团队精神，与企业共同发展

俗话说："一个篱笆三个桩，一个好汉三个帮。"我们的个人能力即使再强大，也不可能在市场竞争中独自面对一个团队。为此，如果我们想要在市场竞争中分得一杯羹，必须要依托企业的集体力量，这也是企业存在形式的价值和意义所在。但是人与人之间的想法又必然存在不同程度的差异，这样就会造成企业团队力量的受损，一旦竞争失败，每个员工的个人利益也会不可避免地受到损害。这就要求我们必须建立起充足的团队精神，努力将自己的团队打造出超一流的竞争力，同时也为我们自己营造一个好的职业发展空间。

对于团队精神的建立，往往需要融入多重元素，比如企业员工的集体价值观，以及共同的职业期待，还有普遍的理想诉求，等等。通常情况下，完成这些团队精神建设的元素需要企业的开创者赋予，所以很多人都认为企业精神，其实就是老板的个人精神。但实际上这种观点并不科学，比如我们熟知的 IT 巨头微软，比尔 · 盖茨对于微软的成就当然居功甚伟，但是如果没有保罗等一众帮手的鼎力协助，比尔·盖茨的成功恐怕也不会那么容易。

作为肉食性动物的狼，既没有老虎的凶猛，也没有猎豹的敏捷。但是同样作为大自然中的强者，它们具有很多动物不具备的特性，那就是团队精神。读过《狼图腾》的朋友都知道，狼是一种非常聪明的动物，尤其是一群狼中的领头者，其高超的智慧往往让人惊叹，其中最值得称赞的就是其对团队的维系。

对于狼而言，它们的一生几乎都在狼群中度过。比如在草原上，当狼群面对成千上万只迁徙的黄羊时，并不会各自冲入羊群撕咬。而是会选择一处有利的地形，然后以圈赶的方式驱动大量羊群按照它们的意愿移动，直到急进的羊群收不住脚步，纷纷掉下悬崖摔死。如此一来，比起一只狼单独捕猎所获得的食物自然要多得多，几番努力下来，通常可以保障一个狼群整个冬天的口粮。

在冰雪覆盖万物的季节，狼群的行进同样充分显现着团队精神。首先，它们会排成一字长队，然后由一只狼在前面开路。由于需要蹚开积雪，这只头狼的体力消耗会比较大，所以在行进一段路程后，这只头狼会转而排到队尾，最后由它后面的狼顶替头狼的位置。至于那只排到队尾的狼，则因为“队友”的踩踏，而得以行进在平坦的路上，借此来恢复体力，直到下次再轮到它充当头狼。

其余如作战、分食、栖息等行为，狼群的分工也会遵循严格的团队精神，并且由一头真正的头狼监督完成。

对于大多数人来说，只看到了狼的凶残成性，却很少看到狼群内部的和谐共处，以及它们共同协作时的分工明细。所以，作为一名企业员工，当我们面临自己的团队建设时，也一定要具备狼的精神。因为团队的强大，也是我们个人的强大，而个人的强大，却并不一定能够带来团队的强大。但是只要我们充分建立起了团队精神，那么即使每名员工都能力平平，当大家把全部力量都凝聚在一起的时候，所爆发出来的力量也将是惊人的。

作为一项体育运动，拔河最能体现团队精神的重要性。如果所有人都顺着手中的绳子用力，那么整个队伍的力量就会集中在一起，从而形成一股强大的力量。但是如果团队中有人只顾自己用力，以至于他的力量没有和队友凝聚在一起，那么即使这个团队中的某个人力气非常大，最终所形成的总体力量也不能如意。所以，我们在职场工作中要时刻谨记，自己一个人的力量虽小，却可以在团队精神的作用下为企业发展添砖加瓦，当所有人都能做到这一点的时候，企业发展也就不是难事了。

至于团队精神建设的具体方法，我们可以从以下几点进行参考：首先，要紧密团结在企业领导身边，避免建立“小团体”和“小中央”；其次，全面深入地了解企业文化，和所有同事形成统一的企业价值观；最后，主动和同事交流，积极帮助需要帮助的同事。只要我们能够做到以上几点，就可以融入企业团队之中，甚至为企业团队建设做出自己的贡献，从而保障企业内部的和谐氛围，并最终完成自身和企业的共同发展。

4. 忠诚是建立和谐关系的前提

忠诚作为人类最宝贵的品质之一，千百年来始终被人们所称颂，很多人也许在竞争中落败，但是只因他们具备忠诚精神，最终还是得到了世人的尊崇。现代职场生活中，忠诚同样是一项不容忽视的职业修养，当我们能够真正做到忠诚于企业的利益时，我们不仅能够积极主动地为企业贡献力量，同时也能够快速并持续地实现自我成长，并且成为企业内部重要的和谐因素，从而帮助企业完成忠诚文化建设。而且我们还必须意识到一点，即只有企业的集体利益得到了保障，每名员工才能得到更多的个人利益，并且拥有个人的职业发展空间。

也许很多人无法体会到忠诚的重要性，但我们只要想一下忠诚的反义词，就能够意识到忠诚的必要性了，那就是背叛。这绝不是危言耸听，对于一个没有忠诚意识的人来说，必定也不会有自己的信仰，那么他们必定是反复无常的。而对于一个反复无常的人来说，绝对不会有人愿意接近，那么他最终所面临的结局，也必定是凄惨的、失败的，甚至是被众人所唾弃的。职场生活中，这样的人也会受到集体的排斥，如果他们长期留在公司，更是会对工作环境的和谐稳定造成负面影响。

常州星空时代集团是一家文化传播公司，常年以来，这家公司凭借着忠诚企业、忠诚理想和忠诚客户的企业精神，维系着和谐的内部工作环境，市场竞争中也有不俗表现。然而到了 2005 年，公司却发生了一次轰动性事件，那就是老板聘请了一名叫作邱竟成的业务经理。

之所以聘请一位经理会造成轰动性效果，是因为邱竟成在职场中早已形成了叛徒的恶名。早在参加工作之初，他就因为泄露公司机密而被开除，随后尽管进了几家相当不错的公司，却没有一家可以做长，而且他每次离开公司，总会带走一些属于公司的资源。但是由于看重邱竟成的工作能力，星空时代的老板还是聘用了主动上门请缨的邱海成。

进入公司之后，邱海成的工作表现确实比较突出，也没有坊间流传的那些越轨行为。这让公司老板逐渐对邱海成产生了信任，公司的一些核心事务也都逐渐交到了邱海成手上，邱海成也不辱使命，将每份工作都完成得非常好。

然而过了一年之后，邱竟成忽然向老板发难，要求他让出董事长职务，并得到了几位公司元老的大力支持。原来，邱竟成这一年来虽然表面顺从，私下里却和公司员工密谋，并且最终约定一起颠覆现任老板。万幸的是，老板在公司中层领导中有极大的威望，经过一番艰苦斗争，老板重新掌握了对公司的控制，邱竟成和几个“造反”的公司元老也被扫地出门。

在此之后，老板原本打算励精图治，带领公司再造辉煌。但是让他想不到的是，公司的忠诚文化却再也建立不起来了，很多员工都不再信任他。一些帮他重夺权力的中层领导也都居功自傲，认为自己得到的“回报”太少，从而导致了公司四分五裂的局面。最终，老板也是回天乏术，眼看自己辛苦建立起来的公司一步步走向了衰亡。

我们由此不难看出，忠诚对于企业的重要性，如果我们想要成为一名合格的企业员工，绝不能用忠诚做赌注去博取自己的职业发展。事实上，这样的教训在我国历史上比比皆是，比如三国时期的官渡之战，许攸正是因为背叛袁绍，才使曹操侥幸获胜。但是在他投到曹操帐下之后，最终还是遭遇被杀的命运，可见叛徒是不被任何人所容的。

现代职场中，也确实存在这样一些毫无忠诚观念的员工，他们为了谋求个人的职业发展，不惜拿着自己公司的机密去向别家公司邀功，或者以吃回扣和乱开发票等行为损害公司集体利益。对于这样的员工来说，他们的行为不仅丧失了基本的职业素养，同时也断绝了自己的长远利益。所以，作为一名企业员工，我们必须时刻忠于企业的利益，处处以企业的利益为最高准则。唯有如此，我们才能体现自己的职场价值，与领导、与公司建立起和谐的工作关系，在为企业创造价值的同时，也能够不断为自己增值，并且在此过程中使自己越来越优秀。

5. 优秀员工需要在和谐环境中走向卓越

企业是员工展现自我能力的舞台，是我们取得职业发展的载体，只有当企业完成了向卓越的蜕变，员工才能达到自身价值的提升。所谓“覆巢之下，安有完卵”，我们作为一名企业员工，一定要建立与企业“同呼吸，共命运”的思想认识，才能在为企业成长做出贡献的同时，完成自身的职业发展。而保障这一切成为现实的首先前提，就是企业本身的经营必须拥有一个和谐的内部环境。因此，无论是企业领导，还是员工个人，都应该以维持企业内部和谐为自己的使命。

作为一家成熟的企业而言，如果想要维持企业内部的和谐氛围，应该从以下几点进行考量：

(1) 把员工当成财富而不是负担。员工作为企业的人力资源，具有和其他资源不一样的属性，他们既是公司利益的创造者，同时也是公司利益的分享者。因此，企业必须要为员工提供上升的空间，时刻调动他们的工作积极性。等到员工的能力足够优秀，他能够为企业贡献的价值也将是不可限量的。

(2) 树立明确的企业目标，让希望时刻激励员工。无论到了什么时候，希望都是员工最大的工作原动力，因此企业必须建立起一套完备的思想价值体系，金钱和权力只不过是留住员工最初级的手段。尤其是对于那些绝对优秀的员工，他们对自己的价值有充分的认识和信心，如果他们感觉自己的价值不能得到最大体现，用股权套取现金后退出公司，也不是不可能的事。

(3) 经常开展文化活动，增强员工的企业认同感。进入新世纪，人性化理念越来越被职场人士所关注，和冰冷的管理条例比起来，人性化的交流和引导显然更容易让人接受。当我们的企业能够让员工形成家的感觉,那么不仅可以让员工贡献最大限度的能量,同时也可以尽可能留住他们的心。

当然,建立和谐的工作环境,促使员工从优秀走向卓越,仅有企业提供的空间和平台还远远不够,还需要每一位企业员工进行积极主动地配合。具体内容,可以参考以下几点建议:

(1) 全面深入了解企业文化,不断提高自己的工作能力。任何一家企业都希望自己的员工能够团结一致,从而共创和谐的工作环境,最佳途径就是建设企业文化。因此,当我们想要在企业中创造自己的价值,从而实现自身的价值增长,首先必须对企业文化有所了解,并且最终掌握企业内在的运行规律。如果能够做到这一点,我们在职场拼搏中所做的努力,就能够事半功倍,相反,则只能收到事倍功半的效果。

(2) 想老板所想,思老板所思,把自己的职业发展和公司发展结合起来。职场生活中,付出就是为了回报,这一点无可厚非。但是付出并不等于回报,而不付出则一定没回报,所以,付出之后就盯着自己的回报,并不是真正的付出,而是一种天真的投机行为。对此,我们必须努力跟上老板的思路,站在企业的高度思考问题,至少要保证自己的利益不能和企业利益发生冲突。唯有如此,才能让老板看到我们的付出,并最终给予我们预期的回报。

(3) 有效沟通,避免误会。职场生活中,很多公司的工作环境失和,上下级和同事间关系一片糟糕,并不是因为人与人之间的利益存在矛盾,而是因为相互之间的猜忌所造成的误会。对此,我们必须和同事及领导保持有效的沟通,把自己的想法准确无误地传递出去,并且保障能够及时准确地接收到别人向我们传递的信息。如此才能保障工作环境的和谐,切不可相互猜忌,暗箭伤人。

事实上,企业希望自己的员工越来越优秀,从而不断增加企业的集体利益,而员工也希望企业能够越来越兴盛,从而为自己的职业发展提供更大的空间。如此一来,企业和员工之间的和谐共处与相互助益就存在了“天和”条件;企业的发展离不开员工的努力,员工的成长离不开企业的帮助,二者实际上是一种唇齿相依的关系,这是“地利”；公司建立强大的企业文化，员工充分认可这种文化，从而成为企业文化的继承和发扬者，这就成了“人和”。天时、地利、人和，三个条件共同具备，工作环境必定走向和谐稳定，企业能够借此从强大走向传奇，员工也能够借此从优秀变为卓越。